En una época en la que alguno
sobrenatural de Dios, Lee Grad
un derramamiento del Espíritu
se necesita una chispa para iniciar un fuego, y creo que el nuevo
libro de Lee, *Enciende mi corazón en fuego,* es la chispa que ayu-
dará a encender esa llama en nuestra nación. Conozco a Lee desde
hace veinticinco años, y doy fe de su pasión por el Espíritu Santo.
¡Deje que el Espíritu encienda su corazón!

—MIKE BICKLE
INTERNATIONAL HOUSE OF PRAYER
KANSAS CITY, MISOURI

Haciendo una combinación de una gran cantidad de datos, ex-
traídos virtualmente de cada libro de la Biblia; y con el conocimiento experimental obtenido por los muchos años de ministerio,
Lee nos reta a que mantengamos una relación íntima con el Espíritu Santo, tanto en nuestras vidas personales como en la iglesia.
Este libro hace gran énfasis en la santidad personal y en la absoluta
necesidad de recurrir al poder de la salvación, que se hace accesible
cuando entramos en la presencia del Espíritu Santo. Es una lectura
maravillosa para los creyentes nuevos y de larga data que deseen
tener mayor intimidad con Dios.

—RANDY CLARK
PRESIDENTE DE GLOBAL AWAKENING
FUNDADOR DE GLOBAL SCHOOL OF SUPERNATURAL MINISTRY
MECHANICSBURG, PENSILVANIA

La Biblia dice que debemos ser tocados, abrazados, motivados o entusiasmados por el Espíritu Santo. Dice: "Sed llenos del Espíritu"
(Ef. 5:18). En su libro *Enciende mi corazón en fuego,* mi amigo Lee
Grady nos ofrece un recurso bíblico eficaz, que sirve de marco cata-
lítico para iniciar una vida poderosa en el Espíritu. Este no es solo

un libro, es una receta para un despertar personal. ¡Sed llenos del Espíritu Santo!

—Rev. Dr. Samuel Rodríguez
Presidente de Hispanic Evangelical Association
Sacramento, California

He tenido el privilegio de ministrar con Lee Grady, y es un hombre cuya vida es un testimonio de la presencia y la obra poderosa del Espíritu Santo. Su corazón realmente arde por el Espíritu Santo, y lo mismo ocurrirá en el corazón del lector cuando descubra y lea las oraciones incluidas en este libro. ¡Le aseguro que tendrá un encuentro con Dios!

—June Evans
Douglasville, Georgia

Lee Grady ha encapsulado profundas enseñanzas de forma muy hermosa, dentro de este único libro. Esta obra está colmada de reflexiones espirituales, expresadas con la hábil precisión de un profeta experimentado. Léalo con calma, porque este libro definitivamente encenderá su corazón en fuego. Le hará anhelar un nuevo encuentro con el Espíritu Santo. ¡Qué todo el cuerpo de Cristo experimente un nuevo Pentecostés!

—Dra. Naomi Dowdy
Fundadora y rectora del TCA College, Singapur
Expastora principal de Trinity Christian Centre, Singapur

¡Enciende mi corazón en fuego es una obra maestra! Este libro despierta en el lector el anhelo de tener una experiencia más profunda con el Espíritu Santo. Le hará clamar al Señor de la misma manera que lo hacía el evangelista Evan Roberts, hace más de un siglo. Y al igual que Roberts, su corazón se encenderá en el fuego del Espíritu

Santo. ¡Prepárese para que el Señor lo incendie y cambie su vida para siempre!

—Barbara Wentroble
Presidenta de International Breakthrough Ministries
Autora de *Intercesión profética*, *Orar con autoridad*, *Luchar por sus promesas proféticas*, entre otros
Dallas, Texas

Este libro del connotado escritor J. Lee Grady no es otro libro más sobre el Espíritu Santo. Es un poderoso llamado a las grandes comunidades pentecostales y carismáticas, en cuanto a la pureza, el propósito y el poder del Espíritu Santo. Es un libro transformador que todos debemos leer con devoción.

—Doug Beacham
Obispo principal de la International
Pentecostal Holiness Church
Oklahoma City, Oklahoma

Lee Grady nos ofrece el manual que tanto necesitábamos para alcanzar a una sociedad escéptica y secularizada. *Enciende mi corazón en fuego*, contiene teología sólida y aplicaciones prácticas, que nos recuerdan que Jesús sabía que el mundo necesitaría pruebas de que nuestro testimonio sobre Él es real. *Enciende mi corazón en fuego*, es una ayuda eficaz para todos los cristianos que necesitan el bautismo de poder de Cristo para ser testigos efectivos, y también habla del abuso de este poder que puede perjudicar nuestro testimonio. Es un libro equilibrado, convincente y muy entretenido... ¡una guía de estudio para traer Pentecostés a todo el pueblo de Dios!

—Jim Anderson
Presidente de Harvest Network International
Hastings, Minnesota

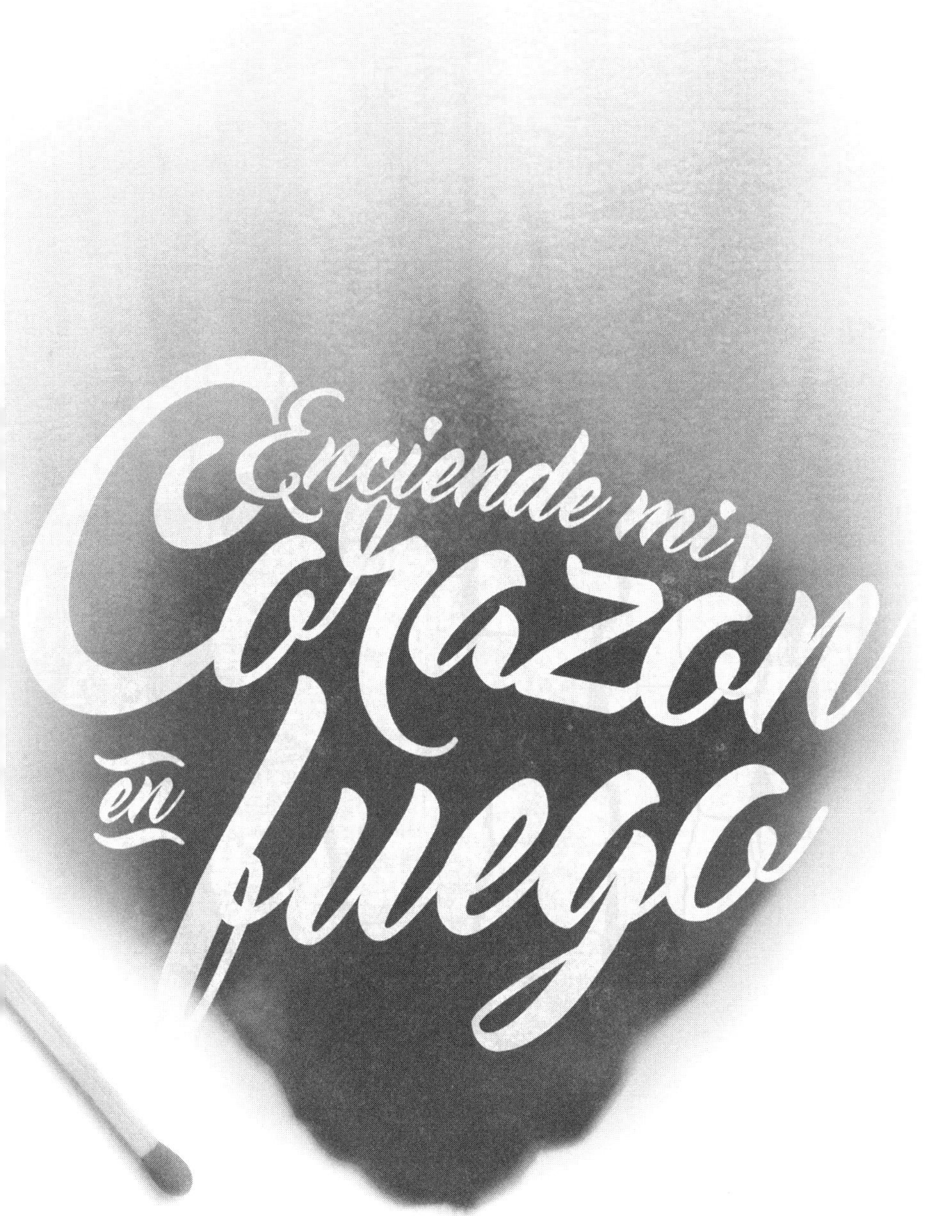
Enciende mi
corazón
en
fuego

J. LEE GRADY

CASA
CREACIÓN

La mayoría de los productos de Casa Creación están disponibles a un precio con descuento en cantidades de mayoreo para promociones de ventas, ofertas especiales, levantar fondos y atender necesidades educativas. Para más información, escriba a Casa Creación, 600 Rinehart Road, Lake Mary, Florida, 32746; o llame al teléfono (407) 333-7117 en Estados Unidos.

Enciende mi corazón en fuego por J. Lee Grady
Publicado por Casa Creación
Una compañía de Charisma Media
600 Rinehart Road
Lake Mary, Florida 32746
www.casacreacion.com

A menos que se indique lo contrario, el texto bíblico ha sido tomado de la versión Reina-Valera © 1960 Sociedades Bíblicas en América Latina; © renovado 1988 Sociedades Bíblicas Unidas. Utilizado con permiso. Reina-Valera 1960™ es una marca registrada de la American Bible Society, y puede ser usada solamente bajo licencia.

Las citas de la Escritura marcadas (NTV) corresponden a la Santa Biblia, Nueva Traducción Viviente, © Tyndale House Foundation, 2010. Usado con permiso de Tyndale House Publishers, Inc., 351 Executive Dr., Carol Stream, IL 60188, Estados Unidos de América. Todos los derechos reservados.

Las citas bíblicas marcadas con (JBS) han sido tomadas de *Jubilee Bible* 2000 (Spanish) Copyright © 2000, 2001, 2012 por Life Sentence Publishing.

Traducido por: Ernesto Giménez
Diseño de portada: Lisa Rae McClure
Director de Diseño: Justin Evans

Visite la página web del autor: www.themordecaiproject.org

Library of Congress Control Number: 2016949008
ISBN: 978-1-62998-977-8
E-book: 978-1-62998-991-4

Nota de la editorial: Aunque el autor hizo todo lo posible por proveer teléfonos y páginas de internet correctas al momento de la publicación de este libro, ni la editorial ni el autor se responsabilizan por errores o cambios que puedan surgir luego de haberse publicado.

Impreso en los Estados Unidos de América
16 17 18 19 20 * 7 6 5 4 3 2 1

Este libro está dedicado a

JUNE LEVERETTE,

quien me ayudó a tener una experiencia más profunda con el Espíritu Santo cuando yo apenas tenía dieciocho años; y a la gran cantidad de líderes jóvenes que me han acompañado en mis viajes ministeriales de los últimos años, entre ellos:

Felipe Amorim, Harold Andrews, Hani Anil, Alex Ankudovich, Abel Araya, Antione Ashley, Anibal Astorga, Roman Balaban, Khuram Bashir, KC Berglund, Diego Caballero, Rolando Cahueque, Jason Chifan, Joshua Cole, Guga Codo, Pedro Codo, Jason Cook, Ben Crisp, Brandon Duck, Marcus Emerick, Devin Ernce, Adam Frano, Charles Gregory, Jojo Grissom, Jon Grogan, Helgi Gudnason, A. J. Hall, Paul Hanfere, Adrian Heiden, Roman and Ina Kotelevsky, Sireesh Kumar, Sam Kyle, Meredith Legg-Grady, Donnie Lord, Vitaliy Lut, Brandon McPherson, Andrew Mueller, Paul Muzichuk, Arthur Nascimiento, Hope Nkhoma, Adolfo Oliva, Kelechi Okengwu, Daniel Palencia, Alejandro Paz, Leo Pereira, Doyle Piper, Travis Rhodes, Luis and Cynthia Roig, Ruslan Romanov, Nora Sampson, Raúl Sánchez, Steven Semmones, Margaret Grady Turner, Gennady Vitorsky, y Vitaly Vitorsky.

Me emociona que estos jóvenes líderes estén compartiendo el mensaje del poder del Espíritu Santo, con otros de su generación.

ÍNDICE

¡ESTE LIBRO VIENE CON UNA ADVERTENCIA!

"El Padre celestial no quiere vasijas de oro. Tampoco vasijas de plata. Él quiere vasijas que se entreguen, que sometan su voluntad a la de Él. Y el logro más grande de la humanidad en este mundo, es llevar una vida tan obediente que el nombre del Dios todopoderoso se glorifique por medio de esa vida".[1]
—KATHRYN KUHLMAN (1907–1976)
EVANGELISTA DE SANACIÓN

LE PEDÍ A mi editor que pusiera una señal de advertencia en este libro. La señal dice:

ADVERTENCIA: Leer este libro, declarar sus peligrosas oraciones y actuar según sus recomendaciones, puede traerle graves consecuencias a usted y a quienes le rodean. Pedir al Espíritu Santo que encienda un fuego espiritual en su vida puede traer graves efectos secundarios. El Espíritu Santo es conocido por: (1) confrontar hábitos perniciosos, (2) romper la rutina, (3) retar la comodidad personal, (4) redirigir carreras profesionales, (5) restaurar relaciones rotas, (6) transformar individuos tímidos en valientes oradores, y (7) enviar personas tímidas y corrientes a otros países como ministros audaces. Por favor, tome en cuenta esta advertencia antes de seguir leyendo.

Hace más de un siglo, un carbonero llamado Evan Roberts cayó de rodillas en una reunión de oración en Blaenannerch, Gales, y realizó una petición inusual. Con grandes gotas de sudor cayendo de su frente, exclamó: "Oh, Señor, ¡doblégame!".[2] Los libros de historia indican que Roberts no volvió a ser el mismo después de pronunciar esas palabras agonizantes. Dios llenó a este metodista, guerrero de oración, de una compasión tan profunda por los pecadores, que le rogó a Dios que salvara al menos cien mil almas galesas.

Roberts vivió para ver cómo esas cien mil personas humedecían los altares de las iglesias de Gales con sus lágrimas. Todo por haber pronunciado lo que yo llamo "una oración peligrosa".

En su libro *The Welsh Revival of 1904 [El avivamiento de Gales de 1904]*, el historiador Eifion Evans narra que Dios le dio a Roberts una visión espantosa del infierno cuando el joven minero oró pidiendo ser doblegado. Visualizó "un abismo que se abría como un hoyo sin fondo, de enormes proporciones, rodeado de una pared impenetrable".[3] Luego observó una ruidosa multitud que se deslizaba hacia la oscuridad, y él luchaba en vano por sacarla de allí.

Según los relatos del avivamiento, Roberts pidió que la puerta del infierno fuera cerrada durante un año, hasta que los cien mil pudieran alcanzar la salvación. Estos individuos finalmente llegaron a los pies de Cristo, y todo porque un hombre estuvo dispuesto a ver más allá de sus intereses, e invitó al Espíritu Santo a obrar a través de él. Roberts entendía que Dios hace milagros cuando su pueblo se rinde totalmente y permite que el Espíritu Santo lo doblegue y lo conmueva para poder conocer las profundidades de su poder y su compasión.

Me temo que la iglesia moderna en Estados Unidos ha olvidado el secreto de Evan Roberts. Actualmente, no escucho a muchos orando con el fervor con que él lo hacía. Casi nunca le pedimos a Dios que doblegue nuestra voluntad o que destruya nuestro orgullo. ¿Hace cuánto no escuchamos a alguien clamar por un alma perdida?

Durante algunos años fui editor de *Charisma*, una revista dirigida a los segmentos carismáticos y pentecostales de la iglesia. Fue una enorme bendición ser testigo de la obra del Espíritu Santo en todo el mundo y entrevistar a líderes de movimientos de avivamiento. Pero cuando estuve allí, noté que los carismáticos evitamos el lado "peligroso" del Espíritu Santo. En las promociones de las conferencias carismáticas, las reuniones versaban sobre temas similares, como "Atrape el fuego", "Propague el fuego", "Libere la unción" o "Reciba el poder". Algunas de estas publicidades, sin pudor alguno, trataban de atraer participantes a las reuniones prometiéndoles riquezas, sanación de alguna enfermedad o el poder de convertirse en profetas elocuentes.

Nos gusta pedirle a Dios más de su Espíritu, más de su unción, y más de su fuego y su fervor. Pero, ¿nos damos cuenta de que pedirle *más* a Él requiere que renunciemos *más* a nosotros, incluso al punto de llegar a la *muerte*?

Él no puede crecer en nosotros a menos que nosotros mermemos. *Más* de Él significa *menos* de nosotros. Si queremos recibir su fuego sagrado, debemos estar dispuestos a ser consumidos. Las oraciones sencillas, como: "Señor, quiero más de ti" o "Señor, envía tu fuego a mi vida", también deberían tener una etiqueta de advertencia que diga:

> ADVERTENCIA: pedir más de Dios en oración podría implicar grandes cambios y generar perturbaciones personales.

Debemos medir las consecuencias. Para tener *intimidad* con el Espíritu Santo, que es el tema de este libro, es necesario que compartamos las *cargas* del Espíritu Santo. Y justo en este momento, Él está preocupado por los más de tres mil millones de personas en el mundo que nunca han oído hablar del evangelio de Jesucristo. Los seguidores de Cristo que están más cerca del Espíritu, aquellos que le han pedido que reduzca su propio egoísmo a cenizas, se encenderán con las pasiones del corazón de Dios.

Este libro está aderezado con algunas "oraciones peligrosas", destinadas a recalibrar su vida espiritual. Lo invito a repetirlas constantemente y con un corazón abierto. Antes de leer el primer capítulo, comencemos declarando las siguientes palabras hacia Dios:

Padre, por favor, doblégame. Rompe cualquier egoísmo que me impida conocerte íntimamente. Acércame a ti y comparte conmigo las cargas de tu Espíritu por aquellos que no conocen a Cristo. Amén.

Ahora, prepárese para ser doblegado. Y no diga que no se lo advertí.

Capítulo uno

¡AUMENTEMOS LA TEMPERATURA!

Preparemos nuestro corazón para un avivamiento personal

Los hombres y las mujeres no podemos predicar a un Salvador crucificado sin ser también crucificados. No es suficiente llevar una cruz ornamental, como muestra de una bella decoración. La cruz de la que Pablo habla fue tatuada sobre su propia carne, fue marcada dentro de su ser, y solo el Espíritu Santo puede marcar la verdadera cruz en nuestro ser más interno.[1]
—A. B. Simpson (1843–1919)
Fundador de the Christian and Missionary Alliance

PASÉ MI JUVENTUD en medio de la humedad sofocante de Georgia, y durante mi adultez viví muchos años en Florida. Es por eso que no me gusta el clima frío. Prefiero andar descalzo sobre la arena caliente que caminar sobre la nieve usando pesadas botas. Para mí, el clima está frío cuando tengo que ponerme algo más pesado que una franela y unos shorts, o cuando tengo que cubrir la palmera sagú que tengo en mi jardín con una bolsa plástica, en una noche helada de Florida.

Pero hace mucho tiempo le dije a Dios que iría a cualquier lugar a donde Él me enviara. Así que hace algunos años terminé en la ciudad canadiense de Saskatoon, Saskatchewan. Hacía menos cuarenta grados Fahrenheit (-40 °C) la primera noche que estuve allí. Había nieve apilada por todos lados, y el río Saskatchewan estaba totalmente congelado. Sin embargo, mis anfitriones insistían en que era un invierno "suave". Los locales, que tenían que calentar el automóvil durante diez minutos antes de poderlo conducir, bromeaban con que Saskatchewan tenía cuatro estaciones: casi invierno, invierno, todavía invierno y construcción de vías.

Me habían invitado a predicar allí, y habíamos planeado un servicio de renovación para el viernes en la noche. Me preguntaba si alguien sería lo suficientemente valiente como para atreverse a salir con ese clima helado (¡Yo habría hibernado debajo de tres mantas hasta finales de marzo si hubiera podido!). Pero había venido mucha gente, no solo de Saskatoon, sino de otros sitios más lejanos, para recibir la Palabra de Dios. ¡Un pastor y su familia condujeron durante tres horas desde el norte para escuchar mi sermón!

Esa tarde, cuando me preparaba para la reunión de la noche, sentí que el Señor me decía que un "pastor desesperado" vendría al servicio. Oré en el Espíritu Santo, sin saber cómo podría ayudarlo, o ayudarlo a sobrellevar la situación que él o ella estaba atravesando. Lo único que sabía era que Dios estaba muy preocupado por esa persona.

Los que fueron a la reunión esa noche estaban tan entusiasmados con Jesús, que pronto olvidé las heladas temperaturas. Luego de predicar, comencé a dar palabra profética a varios individuos de la congregación. Entonces, cuando me pareció pertinente, mencioné lo que Dios me había comunicado antes: "Hay un pastor aquí esta noche que en verdad necesita el toque de Dios".

De pie, en la parte frontal de la iglesia, se encontraba un pastor llamado Tyler. Su esposa, Debra, estaba a su lado. Cuando levantaron sus manos en respuesta a lo que yo había dicho, les pedí que se acercaran y les pedí a Brent y Barb, los pastores anfitriones, que les impusieran las manos. Sostuvimos los brazos de Tyler en alto y comencé a profetizar sobre la fuerza renovada y el gozo que Dios estaba derramando sobre sus problemas. El diablo había estado acosando y tratando de desanimar a esta pareja. Pero esa noche, el Señor se posó sobre ellos, recordándoles que sus promesas son inquebrantables. Lo que me sorprendió más esa noche, fue la determinación feroz de la pareja de aferrarse a Dios. ¿Habría sido yo capaz de conducir durante tres horas en un clima de cuarenta grados bajo cero? Ellos no lo vieron como un problema. De hecho, después de la reunión comimos juntos y luego regresaron por la misma carretera helada hacia su casa. Alabaron a Dios por todo el camino, porque habían tenido un encuentro con el Espíritu Santo en el servicio de esa noche.

Yo he observado esta fe obstinada en otras partes del mundo. Cuando estuve en Uganda, en el año 2012, algunas mujeres caminaron ocho millas (13 km) por caminos polvorientos para asistir a un servicio de avivamiento. Y recorrieron la misma distancia los siguientes tres días de reuniones adicionales. Una vez en Perú, algunos indígenas de un pueblo remoto caminaron ocho horas (o más) para asistir a un servicio nocturno. Y un pastor que conozco en Malaui, viajó en autobús cuatro días seguidos para asistir a una semana de entrenamiento ministerial en Kenia. Cuando me encontré con él, me comentó que había hecho ese largo viaje para preguntarme si consideraría la idea de ir algún día a su ciudad, en Malaui (tres años después lo hice, y hoy es un amigo muy querido mío).

Cada vez que observo este nivel de hambre espiritual, me avergüenzo de mi adicción a las comodidades que hay en Estados Unidos. Lo admito, soy un mimado. Estoy tan acostumbrado a mi garaje con dos puestos, a mi aire acondicionado, a mi televisor pantalla plana y a otras comodidades suburbanas, que fácilmente me puedo convertir en malagradecido. Mi falta de gratitud puede hacer que me olvide de lo mucho que necesito a Dios en todo momento.

Dios honra el hambre espiritual, porque es una señal de humildad. Él no se revela a los que indagan de forma casual, sino que busca seguidores fervientes, personas que están dispuestas a ir hasta el final del mundo con la finalidad de encontrarlo. Dios nos dice: "Y me buscaréis y me hallaréis, porque me buscaréis de todo vuestro corazón" (Jer. 29:13).

Así como Dios se encontró con mi amigo Tyler en el corazón de Saskatchewan, y calentó su fe en medio del crudo invierno, lo hará con nosotros si damos un paso de fe. No podemos ser petulantes o conformistas. No podemos tener la actitud de los habitantes de Laodicea en el siglo I, a quienes Dios les advirtió: "Porque tú dices: yo soy rico, y me he enriquecido, y de ninguna cosa tengo necesidad;

y no sabes que tú eres un desventurado, miserable, pobre, ciego y desnudo" (Ap. 3:17). Debemos estar conscientes de cuánto necesitamos un avivamiento espiritual. ¡Debemos pedirle a Dios que nos convierta en seres desesperados por ese avivamiento!

El Espíritu Santo desea encender una pasión ardiente en nuestros corazones. Si estamos decididos a buscar al Señor sin importar lo frío que pueda estar el ambiente espiritual a nuestro alrededor, Él encenderá esa llama. Cuando el evangelista británico John Weasley, fundador del movimiento metodista, puso su fe en Cristo por primera vez, describió la experiencia diciendo: "Sentí una extraña calidez en mi corazón".[2] Después de la experiencia, se dijo que Weasley buscaba incansablemente la salvación de las almas que lo rodeaban. De hecho, debido a esa "calidez" que provenía del Espíritu Santo, viajaba unas veinte mil millas (32.000 km) al año a caballo para predicar el evangelio. El fuego que Dios enciende en nuestro interior puede ser transmitido a muchos. Dios quiere usarnos para compartir su amor, pero debemos dejar que haga su obra en nuestro ser. Creo que Él puede utilizar este libro para provocar esa pequeña chispa que iniciará el fuego intenso.

AUMENTE LA TEMPERATURA

Viví en Florida central durante más de veinticinco años. Es una tierra de sandalias, trajes de baño y parques acuáticos que están abiertos los 365 días del año. La temperatura promedio en Orlando en enero es de 71 °F (21 °C). En verano, sus húmedos 95 °F (35 °C) a mí me parecen bien.

Pero tengo amigos en Minneapolis, Minnesota; Rochester, Nueva York; Filadelfia, Pensilvania y Sioux Falls, y en Dakota del Sur, que experimentaron el inédito vórtice polar del 2014. Las temperaturas frías que se registraron en ese momento no se habían vivido desde hacía más de dos décadas. En Minnesota, la temperatura alcanzó -40 °F (-40 °C) a principios de enero. En Milwaukee, alcanzó -13 °F (-25 °C). Hizo tanto frío en Chicago, (-16 °F [-26 °]) ¡que el oso polar del Zoológico Lincoln Park fue trasladado al interior del recinto!

Cuando ocurrió esta terrible helada, yo estaba leyendo el libro de Romanos, y me llamó la atención el versículo 11 del capítulo 12. El apóstol Pablo les dice a sus seguidores que para agradar a Dios deben ser "fervientes en espíritu". La palabra griega traducida como *ferviente (zeó)* significa "hervir de calor". El mensaje es claro. Como cristianos, tenemos la responsabilidad de ser ardientes para Dios, independientemente de lo frío que pueda ser nuestro entorno espiritual.

Pero, ¿cómo podemos ser ardientes para el Señor? ¿Cómo podemos aumentar nuestra temperatura en un momento en el que la fe de muchos ha pasado de tibia a congelada? ¿Queremos que Dios encienda nuestro corazón en fuego? ¿Queremos tener un encuentro transformador con el Espíritu Santo?

Es posible experimentar esta clase de avivamiento espiritual. Pero eso no ocurre por casualidad. Existen algunos pasos que podemos seguir para avivar nuestro corazón, prepararnos para una visita santa y aumentar nuestro apetito espiritual:

Retomemos la Palabra de Dios

En nuestro corazón se enciende un fervor espiritual al escuchar a Dios hablar a través de las páginas de la Biblia. No me refiero a una lectura casual y apática de devocionales diarios, ni de dar un vistazo poco entusiasta a algunos versículos bíblicos en nuestro celular. Cuando busquemos la verdad en las Escrituras con entusiasmo, diremos como lo hizo el discípulo que estuvo con Jesús en el camino a Emaús: "¿No ardía nuestro corazón en nosotros, mientras [...] nos abría las Escrituras?" (Lc. 24:32).

La Palabra de Dios encenderá nuestro corazón en fuego. De hecho, no podemos esperar un encuentro transformador con Dios a menos que abramos la Biblia y lo busquemos entre sus páginas. Dios invirtió mucho tiempo y energía para darnos su Palabra, y muchos han sacrificado sus vidas para que hoy cada uno de nosotros pueda tener un ejemplar de la Biblia. Dios ha protegido su Palabra durante siglos para preservar su mensaje. Es su carta de amor para nosotros. ¡No la ignoremos!

Aticemos el horno de la oración privada

El fuego no durará mucho si no alimentamos constantemente las llamas con leña. Debemos resguardar nuestro tiempo de oración con Dios como si nuestra vida dependiera de ello. No podemos sobrevivir espiritualmente si no tenemos una comunión habitual con Dios. Oswaldo Chambers lo explica claramente: "La oración es el aliento de vida del cristiano; no lo que lo hace vivir, sino la evidencia de que está vivo".[3]

Tal vez hemos estado alejados de Dios durante un tiempo. Tal vez hemos estado en un desierto espiritual debido al fracaso o al dolor. Tal vez no hemos tenido una comunión personal con Dios desde hace tiempo. Independientemente del estado de nuestra relación con Dios, podemos comenzar de nuevo en este preciso instante, acercándonos a Él y empezando de cero. Solo debemos hacer una cita con Él y asistir.

Oremos a Dios sin inhibiciones.

A veces, la frialdad del desánimo, el temor y la ansiedad pueden formar un témpano en nuestra alma. La única manera de derretir el hielo es regocijándonos en el Señor. ¿Estamos atravesando un largo período de pesadumbre o desengaño? El Salmo 47:1 dice: "Pueblos todos, batid las manos; aclamad a Dios con voz de júbilo".

Cuando alabamos a Dios con entusiasmo, renovamos nuestra fuerza. Tomemos la decisión este año de adorar a Dios de una forma más vocal y desinhibida. Leamos el libro de Salmos y fijémonos cuántas veces este antiguo libro de himnos nos ordena adorar a Dios con todo el corazón. Si necesitamos ayuda para adorar a Dios, coloquemos música de uno de nuestros artistas cristianos favoritos y cantemos sus canciones.

Liberémonos de los malos hábitos

Pablo les dijo a los tesalonicenses: "No apaguéis al Espíritu" (1 Tes. 5:19). ¿Es posible que estemos haciendo algo que esté extinguiendo la llama del Espíritu Santo en nuestra vida? Muchos cristianos nunca maduran. Son incapaces de crecer espiritualmente porque no se liberan de hábitos perniciosos o adicciones. Si escogemos vivir en atadura, permitiendo que el pecado se aloje reiteradamente en nuestra alma, nuestro corazón nunca arderá por Dios. Tomemos la decisión de arrepentirnos y dar un giro de 180 grados para alejarnos de lo que sea que esté debilitando la pasión de nuestro espíritu. No tenemos que seguir siendo esclavos de un hábito dañino.

Abandonemos el resentimiento

Jesús dijo que en los últimos días "el amor de muchos se enfriará" (Mt. 24:12). No sigamos esa fría tendencia. Nada apaga la llama del amor de Dios más rápidamente que la amargura. No debemos permitir que la falta de perdón congele nuestra alma. Debemos guardar el corazón y perdonar las ofensas rápidamente. No podemos conocer o disfrutar el perdón de Dios si no hemos perdonado a quienes nos han ofendido.

Desarrollemos una relación cercana con otros cristianos

El fuego se apaga si los carbones están separados. Pero cuando los apilamos, las llamas se avivan. Es por ello que nunca debemos vivir una vida cristiana en aislamiento. Dios nos llama a estar en comunidad (Jn. 17:20–21; Hch. 2:42). Actualmente, muchos cristianos tienen la noción errada de que la iglesia es algo opcional, y por eso no tienen amigos cristianos, ni mentores, ni pastores, ni relaciones de apoyo. Han creado una versión personalizada del cristianismo que no se adapta a la Biblia.

Nuestra pasión por Dios jamás crecerá si estamos separados de otros creyentes. Dios nos ha llamado a animarnos unos a otros, a orar unos por otros y a llevar las cargas de los demás. Si no estamos en una iglesia con un sólido fundamento bíblico, busquemos una. Si nos lastimaron en otra iglesia y no confiamos en los cristianos, arriesguémonos y abramos nuevamente el corazón al pueblo de Dios.

Dios tiene una iglesia para cada uno de nosotros. Pero debemos asegurarnos de que sea una iglesia que arda por Dios, ¡y es que una iglesia muerta puede terminar de apagar lo que queda de nuestra llama! Si nuestra iglesia no cumple con la Palabra de Dios o ignora la gran comisión, debemos buscar otra.

Comencemos a utilizar nuestros dones espirituales

La verdadera pasión espiritual se enciende cuando servimos a los demás. Todo cristiano tiene un don espiritual, y nosotros no somos la excepción. Debemos enfrentar nuestros miedos y ejercitar nuestra fe mientras avanzamos, y pronto notaremos que no hay gozo más grande que ser instrumentos del Espíritu Santo para bendecir a otros. Y cuando el aceite de su unción fluye a través de nosotros, nuestra temperatura espiritual aumenta.

Busquemos un mentor

A mí me encanta relacionarme con cristianos entusiastas porque su ardor influye directamente en el mío. A veces les pido a estos individuos que me impongan sus manos y oren por mí, y me reúno con ellos para aprender de su sabiduría y su experiencia. Estoy seguro de que cuando Eliseo vio a Elías subir al cielo en un carruaje de fuego, sintió ese mismo ardor. Mantengámonos lo más cerca que podamos de quienes arden por Dios, y nuestra llama se encenderá.

Compartamos nuestra fe

No hay nada más emocionante que ayudar a una persona a conocer a Cristo. Sin embargo, según una encuesta, el 95 por ciento de los cristianos nunca ha ayudado a un alma a alcanzar la salvación.[4] Yo estoy seguro de que si superamos nuestra timidez y compartimos el evangelio con el vecino, el compañero de trabajo, el camarero del restaurant o aquel extraño del metro, nuestra temperatura espiritual aumentará treinta grados instantáneamente y querremos compartir con alguien más.

Jesús nos dijo que no ocultáramos nuestra fe. Dijo en Mateo 5:14–15:

> "Vosotros sois la luz del mundo; una ciudad asentada sobre
> un monte no se puede esconder. Ni se enciende una luz

y se pone debajo de un almud, sino sobre el candelero, y alumbra a todos los que están en casa".

Saquemos nuestra luz de debajo del almud y dejémosla brillar ante los hombres. Este mundo frío y oscuro necesita la luz de Cristo. Y esa luz surge de aquellos cristianos apasionados que han alcanzado el punto de ebullición de su pasión espiritual.

DEBEMOS RENDIR NUESTRA VIDA A DIOS

Dios tiene mucho más para cada uno de nosotros. El apóstol Pablo les dijo a los efesios que Dios deseaba que estuvieran llenos del Espíritu Santo. El hecho de que necesitemos estar llenos significa que es posible que como cristianos nos quedemos vacíos o que solo rasguemos la superficie de lo que Dios nos ofrece. Él no quiere que chapoteemos en la orilla, ni que juguemos en la superficie de su río. Él quiere llevarnos a las profundidades más profundas. Efesios 5:18 nos dice: "Sed *llenos* del Espíritu" (itálicas añadidas).

Algunos cristianos se conforman con asistir a la iglesia una hora a la semana y realizar un breve devocional de quince minutos varios días a la semana. El concepto que tienen de Dios es unidimensional y, en realidad, no tienen interés en invertir tiempo para buscar más de Él. Si hemos llegado a ese punto, tal vez lo mejor es que dejemos de leer este libro, ¡porque no nos gustará! Pero si hemos dicho en nuestro corazón: "Sé que Dios tiene más para mí. ¡Yo quiero más de Él!", entonces estamos en el camino correcto para experimentar una vida llena del Espíritu Santo.

Este libro fue escrito para ayudarnos a atizar las llamas de nuestro renacimiento personal. No solo para que conozcamos a Dios de una forma más profunda, sino también para hacer que otros lo conozcan. Es probable que Dios nos dé más de su presencia y su poder si se lo pedimos. Pero cuando se lo pedimos, también debemos entregarle cada aspecto de nuestra vida.

Algunos me preguntan con frecuencia cuál es el secreto para vivir una vida llena del Espíritu. Siempre respondo lo mismo: *Dios no puede llenarnos con su Espíritu si estamos llenos de nosotros mismos.*

Si queremos más de Dios, debemos abandonar algunos hábitos, renunciar a algunas cosas, arrepentirnos de algunos hechos y cambiar muchos detalles. Con toda seguridad puedo decir que si adoptamos una postura de obediencia, ¡los cambios que el Espíritu Santo hará en nuestra vida nos sorprenderán! Este es el verdadero secreto de la vida cristiana: no se trata de cambiarnos a nosotros mismos, ni de esforzarnos más para agradar a Dios. Se trata de entregarle nuestra vida a Dios y dejar que su Espíritu viva en nosotros.

Actualmente, es más aceptado que los cristianos levanten las manos durante la adoración. Lo hacemos porque la Biblia nos da instrucciones de que levantemos nuestras manos a Dios cuando cantemos u oremos.

Pero, ¿alguna vez se ha preguntado por qué se nos dan instrucciones de que levantemos las manos en la adoración? La iglesia a la que yo asistía cuando era niño no practicaba esto. Manteníamos las manos rígidamente a los lados cuando entonábamos los himnos. Nunca vi a nadie que mostrara una mínima señal de emoción o euforia cuando cantaba. Así que imagine mi conmoción cuando a los dieciocho años asistí a una conferencia cristiana y vi más de mil personas en un salón cantando con las manos levantadas. Para mí fue una imagen extraña, ¡parecía un atraco en masa!

Pero pronto aprendí que alzar las manos es una práctica bíblica. El salmista escribió: "Oye la voz de mis ruegos cuando clamo a ti, cuando alzo mis manos hacia tu santo templo" (Sal. 28:2), y "Alzad vuestras manos al santuario, y bendecid a Jehová" (Sal. 134:2). El apóstol Pablo enseñó a los primeros cristianos a adoptar esta misma postura durante la oración, cuando le dijo a Timoteo: "Quiero, pues, que los hombres oren en todo lugar, levantando manos santas, sin ira ni contienda" (1 Ti. 2:8).

Con el tiempo, aprendí a levantar las manos al adorar a Dios en la iglesia. Y también empecé a practicarlo en mis tiempos personales de oración. Comencé a darme cuenta de que nuestra postura al adorar debe ser una señal externa de una actitud interna. Dios nos pide que alcemos nuestras manos hacia Él porque eso nos impulsa a someternos totalmente.

Cuando levantamos las manos hacia Él, básicamente estamos diciendo: "Señor, te pertenezco. Mi vida es tuya. No quiero manejar mi vida, quiero que tú la dirijas. No quiero controlar mis relaciones, ni mi dinero, ni el rumbo de mi profesión, ni mi futuro. Quiero hacer tu voluntad y tu propósito. Soy tuyo, Señor".

¿Podemos pronunciar esas palabras hoy? ¿Hemos entregado nuestra vida totalmente a Dios? Este concepto de sumisión total es lo que conocemos como *consagración*. Y es algo sobre lo que muchos cristianos nunca han escuchado hablar.

El *Diccionario de la lengua española* de la Real Academia Española define "consagrar" como: "Dedicar, ofrecer a Dios por culto o voto una persona o cosas".[5]

En el Antiguo Testamento, todo lo que era apartado para el servicio a Dios: el candelabro de siete brazos, el altar del templo, o los sacerdotes que servían a Dios; eran ungidos con aceite y consagrados al servicio de Dios. Nadie podía ministrar a Dios en adoración sin esta consagración.

Es bastante raro de imaginar. Dios le dijo a Moisés que construyera un templo portátil, que eran en realidad una tienda, y que colocara un mobiliario lujoso dentro de él. ¡Luego le pidió que untara todo; el altar, los candelabros, los muebles, y hasta los sacerdotes; con aceite! Después de la ceremonia de unción, ¡todo el lugar chorreaba aceite! Dios nos estaba dando una pista de lo que Él deseaba que fuera su Iglesia. Él no quiere que sea un lugar seco, ¡sino un lugar que esté bañado en el aceite del Espíritu Santo!

Ahora que estamos bajo el Nuevo Pacto, no es necesario que sigamos las reglas del servicio de unción. No tenemos que sacrificar animales, ni ungir altares, ni quemar incienso para adorar a Dios. Pero el espíritu de consagración sí permanece. Dios aún desea que sus seguidores rindan sus vidas completamente a Él. El apóstol Pablo lo resume magistralmente en Romanos 12:1–2:

"Así que, hermanos, os ruego por las misericordias de Dios, que presentéis vuestros cuerpos en sacrificio vivo, santo, agradable a Dios, que es vuestro culto racional. No os conforméis a este siglo, sino transformaos por medio de la renovación de vuestro entendimiento, para que comprobéis cuál sea la buena voluntad de Dios, agradable y perfecta".

Pablo nos dice aquí que la verdadera adoración no consiste en entonar cánticos, escuchar sermones, aplaudir, moverse al ritmo de la música o ver hermosos gráficos en una pantalla, aunque tal vez hagamos todo esto en la iglesia. Él nos dice que la adoración no es una verdadera adoración a menos que nos rindamos a Él. La verdadera adoración es la sumisión de nuestras vidas a Dios. Es mi corazón y el suyo clamando al de Él: "¡Soy tuyo! ¡Quiero servirte y seguirte! ¡No quiero vivir para mí! ¡Quiero vivir para ti!".

No bloqueemos el flujo del Espíritu

Hace unos años, el Señor me impulsó a meditar en mi nivel de hambre espiritual. Me mostró que, aunque había cantado hasta el cansancio: "Señor, quiero más de ti", no era tan apasionado por Él como yo creía.

En 1999, mi iglesia patrocinó una conferencia sobre el Espíritu Santo. En la clausura de uno de los servicios, me encontraba postrado cerca del altar, pidiéndole a Dios que me tocara nuevamente con su poder. Algunos participantes estaban arrodillados en el barandal, orando en silencio unos por otros.

De repente, comencé a tener una visión. En mi mente pude ver una tubería enorme, de al menos ocho pies (2.4 m) de diámetro. Yo la veía desde el interior y podía observar una pequeña corriente de un líquido dorado que fluía en el fondo. El aceite en la tubería gigante tenía solo unas pulgadas de profundidad.

Así que comencé a conversar con el Señor.

—¿Qué me estás mostrando? —le pregunté.

—Este es el flujo del Espíritu Santo en tu vida —me dijo.

No era una imagen alentadora. ¡Era deplorable! La capacidad de la tubería era muy grande, suficiente para albergar un enorme flujo de aceite, pero solo podía ver un chorrito. Entonces, noté algo más.

A cada lado de la tubería habían varias válvulas grandes alineadas, y todas estaban cerradas.

Quería preguntarle al Señor por qué había tan poquito aceite en mi vida. Pero en vez de eso, le pregunté:

—¿Qué son esas válvulas y por qué están cerradas?

Su repuesta me dejó pasmado:

—Son las veces en que me dijiste que no. ¿Qué sentido tiene incrementar el nivel de unción, si no estás listo para usarlo?

Esas palabras me entristecieron. ¿Cuándo le había dicho que no a Dios? Me sentí conmocionado y comencé a arrepentirme. Luego recordé las excusas que le había dado y las limitaciones que había puesto sobre la forma en que podía usarme.

Le había dicho a Dios que no quería estar frente a multitudes, porque no era buen orador. Le había dicho que si no podía predicar como un famoso ministro de televisión, no quería hacerlo. Le había dicho que no quería tocar ciertos temas o ir a ciertos lugares. Había condicionado de muchas maneras mi obediencia.

Después de un rato, comencé a ver algo en mi espíritu. Era una enorme multitud de hombres africanos, reunidos como si estuvieran en un gran estadio. Y me vi a mí mismo predicándoles.

Nunca nadie me había pedido que ministrara en África, pero en ese momento supe que necesitaba someter mi voluntad a la del Señor. Lo único que podía pensar en decirle era la oración de Isaías: "Heme aquí, envíame a mí" (Is. 6:8). Le dije a Dios que iría a cualquier lugar y que diría cualquier cosa que Él me pidiera. Dejé mis inseguridades, temores e inhibiciones ante el altar.

Tres años después, me encontraba de pie en el púlpito dentro de un estadio en Port Harcourt, Nigeria. Cuando le hablaba a una multitud de setecientos pastores que se habían reunido allí para una conferencia de entrenamiento, recordé que había visto sus rostros en aquella visión. Y me di cuenta de que Dios había abierto una nueva válvula en mi vida mientras estaba postrado aquel día de 1999. Cuando acepté su voluntad, Él aumentó el flujo de su aceite para que pudiera llegar a miles de personas.

Muchos tenemos la costumbre de pedirle más poder y unción

a Dios. Pero, ¿para qué lo usamos? Él no nos envía su unción solo para hacernos sentir bien.

Nos encanta ir al altar para pedirle a Dios que nos toque. Nos encanta tener la piel de gallina, sentir temblores y la emoción del momento. Nos encanta postrarnos y sentirnos llenos del Espíritu, una y otra vez. Pero me temo que algunos estamos llenos de unción y no la estamos repartiendo. Nuestra experiencia carismática se ha convertido en algo interno y egoísta. Terminamos de orar y seguimos viviendo como nos place.

El pentecostés no es una fiesta. Si en verdad queremos disfrutar de su poder, debemos darle a Dios un sí incondicional. Debemos crucificar cada no. Debemos convertirnos en mediadores para alcanzar a otros, no en un contenedor sin salida.

Busquemos hoy en nuestro corazón y observemos si hay válvulas cerradas en nuestra tubería. Cuando nos rendimos a Él, los canales cerrados se abren y el aceite de Dios fluye hacia un mundo que anhela recibir una señal de que Él es real.

Meditemos en esto

1. Es necesario sentir hambre espiritual si se quiere experimentar un avivamiento personal.

2. ¿Cómo describiría su nivel de hambre espiritual en este momento?

3. Describa su temperatura espiritual. ¿Está usted congelado, tibio o ardiendo? ¿Está en algún punto intermedio?

4. Levantar las manos es una manera común de adorar a Dios. ¿Qué cree que le está diciendo a Dios cuando levanta sus manos hacia Él?

5. ¿El Espíritu Santo le está mostrando algún aspecto de su vida en el que necesite rendirse de manera consciente e inmediata a Él?

Una oración peligrosa

Me gustaría pedirle que haga algo inusual en este momento. Quiero que cree su propio momento de consagración, incluso antes de terminar de leer este capítulo. ¿Le ha entregado su vida completamente a Jesucristo? Si no, puede orar en este momento para hacerlo. ¿Ha estado viviendo una vida cristiana tibia, con un pie junto a Dios y otro en el mundo? ¿Está usted en el asiento del conductor de su vida, mientras Jesús está en el asiento del pasajero? Es hora de que deje que Jesús tome el control y que sea dueño de su vida. Puede levantar sus manos en este momento y repetir esta oración de consagración:

> *Jesús, te doy gracias por morir en la cruz por mí para que yo pudiera tener una relación con mi Padre celestial. Gracias por pagar por todos mis pecados. Quiero disfrutar de una relación íntima contigo, y no quiero que nada me separe de tu amor. Al levantar mis manos hacia ti, declaro que tú eres mi Señor y Salvador. Quiero que me guíes, que dirijas mis elecciones, y que me des la gracia sobrenatural para agradarte en todo momento. Te entrego mis pensamientos, palabras, actitudes y acciones. ¡Toma mi vida y permite que sea un sacrificio agradable para ti! Amén.*

Capítulo dos

EL ESPÍRITU SANTO NO ES UN OBJETO

Conozcamos a la tercera persona de la Trinidad

Cuando nuestro Señor sopló a sus discípulos, y les dijo: "Recibid el Espíritu Santo", ciertamente deseaba que quedara claro que este Espíritu no era solo el Espíritu del Padre, sino también del propio Hijo unigénito. Ya que el mismo Espíritu es, de hecho, el Espíritu del Padre y del Hijo, formando con ellos la trinidad de Padre, Hijo y Espíritu Santo, que no es una criatura, sino el Creador.[1]
—SAN AGUSTÍN (354–430 D. C.)
PADRE DE LA IGLESIA PRIMITIVA

CUANDO ERA JOVEN, el concepto de un Dios trino me confundía. ¿Padre + Hijo + Espíritu Santo = Uno? ¿Cómo semejante idea puede entrar en la cabeza? ¿Cómo Dios puede ser tres y uno a la vez? La doctrina de la Trinidad siempre ha confundido a los creyentes de otras religiones; como los musulmanes, que consideran que la Trinidad es herejía (algunos musulmanes, de hecho, creen erróneamente que la deidad cristiana está conformada por el Padre, el Hijo y…¡la Virgen María!).

El hermoso himno "Santo, Santo, Santo", escrito por Reginald Heber, ha sido cantado por millones de cristianos desde que fue publicado en el idioma inglés a mediados del siglo XIX. La primera estrofa dice:

¡Santo! ¡Santo! ¡Santo! Señor Omnipotente,
Siempre el labio mío loores te dará;

¡Santo! ¡Santo! ¡Santo! Te adoro reverente,
Dios en tres Personas, bendita Trinidad[2]

Este himno, que se basa en Apocalipsis 4:1–11, trata de describir la majestad de nuestro Dios trino. Pero, aunque la canción es inspiradora y fiel a la Biblia, aún deja muchos cabos sueltos sobre este Dios trino. ¿Cómo se puede describir a este Dios "en tres Personas" del que habla Heber? No estoy criticando al autor del himno; estoy diciendo que ningún idioma del mundo puede expresar esta idea tan elevada. Nuestras palabras son demasiado simples y limitadas para explicarlo.

El evangelista John Wesley entendía que el concepto de Trinidad era una idea teológica complicada. Él afirmó: "Tráeme un gusano que pueda entender a un hombre y te mostraré un hombre que pueda entender al Dios trino".[3]

El apologista cristiano C. S. Lewis, en su obra maestra *Mero cristianismo,* trata de explicar la Trinidad en términos humanos, admitiendo que es una labor casi imposible, porque no vivimos en el mismo ámbito que Dios. Él escribió:

> "En la dimensión de Dios, por así decirlo, encontramos un ser que, a pesar de ser tres Personas, sigue siendo una sola, de la misma forma en que un cubo conformado por seis cuadrados sigue siendo un cubo. Por supuesto, no podemos concebir completamente a un ser como este: es como si, habiendo sido nosotros creados para percibir solo dos dimensiones en el espacio, nunca pudiéramos imaginarnos apropiadamente un cubo. Pero podemos tener una especie de noción vaga de él. Y cuando lo hacemos tenemos, por primera vez en nuestras vidas, una idea positiva, aunque vaga, de algo sobre personal, algo que es más que una persona. Es algo que nunca pudimos haber adivinado, sin embargo, cuando se nos habla de ello, casi sentimos que debimos haber sido capaces de adivinarlo, porque encaja perfectamente con todo lo que ya sabemos".[4]

Si la idea de una trinidad era "vaga" para C. S. Lewis, un destacado intelectual y profesor, que dio clases en las universidades de Oxford y Cambridge de Inglaterra, ¿cuánto más difícil de entender será para las personas comunes y corrientes? ¿Cómo les explicamos a los no creyentes que el Dios que adoramos es una Trinidad? Debemos entender tres simples verdades: (1) solo existe un Dios; (2) el Padre, el Hijo, y el Espíritu Santo son tres "Personas" diferentes; y (3) cada una de estas "Personas" es Dios totalmente.

La naturaleza trina de Dios, con todo lo vaga que esta idea pueda parecerle a nuestra mente finita, aparece en el Antiguo Testamento. Dios se describe en número plural ("Nosotros") en Génesis 11:7, para recordarnos su naturaleza trina. En el Antiguo Testamento vemos al Padre, al Hijo y al Espíritu Santo obrando: el Dios todopoderoso juzga las naciones; se predice la venida del Mesías, llamado el "Hijo" en el Salmo 2:7; y el Espíritu Santo trabaja tras bastidores en las vidas del pueblo de Dios.

Pero el Antiguo Testamento nos recuerda claramente que Dios es uno. Dios dice, en Isaías 45:21: "Y no hay más Dios que yo". Así que debemos entender de este pasaje que el Padre, el Hijo, y el Espíritu están tan unificados, que ellos unidos son el único Dios verdadero que adoró el pueblo de Israel.

La Trinidad está definida con mayor claridad en el Nuevo Testamento, aunque la palabra *Trinidad* nunca aparece en las Escrituras. El concepto es más claro cuando Jesús nos encomienda la gran comisión en Mateo 28:18–19: "Toda potestad me es dada en el cielo y en la tierra. Por tanto, id, y haced discípulos a todas las naciones, bautizándolos en el nombre del *Padre*, y del *Hijo*, y del *Espíritu Santo*" (itálicas añadidas). Es interesante que la palabra griega traducida como *nombre (onoma)* en este pasaje, sea singular. El nombre es uno solo, sin embargo, ¡se menciona a tres personas!

Cuando Jesús fue bautizado por Juan el Bautista en Marcos 1:10-11, vemos la Trinidad en su totalidad. En esta escena, el Padre declara su bendición sobre el Hijo de forma audible, y el Espíritu Santo desciende sobre el Hijo en forma de paloma. El Padre, el Hijo y el Espíritu Santo se revelan a la vez. Esto nos demuestra que el Padre, el

Hijo y el Espíritu Santo tienen cada uno su propia identidad única. El Padre no es el Hijo; el Hijo no es el Espíritu; el Espíritu no es el Padre. Son personas diferentes, pero tienen una unidad que es, para nosotros los mortales, incomprensible.

Esta complejidad no debe desanimarnos. Más bien nos demuestra que Dios no está a nuestro nivel. Esa es una muy buena noticia. ¡Por eso es que lo adoramos! Él reina supremo sobre todas las cosas de la tierra. Lo adoramos, no solo por su gran amor, misericordia y perfección, sino por ser tan increíblemente maravilloso que no lo podemos entender completamente. ¡Simplemente nos quedamos con la boca abierta de asombro y lo alabamos por ser quien es!

Cuando el apóstol Pablo formuló una bendición para sus seguidores, usó el idioma de la Trinidad. Dijo: "La gracia del *Señor Jesucristo*, el amor de *Dios*, y la comunión del *Espíritu Santo* sean con todos vosotros" (2 Co. 13:14, itálicas añadidas). El apóstol Pedro también entendía la naturaleza trina de Dios. Él también usó el idioma de la Trinidad en sus enseñanzas, cuando escribió: "A los [...] elegidos según el previo conocimiento de Dios *Padre* en santificación del *Espíritu*, para obedecer y ser rociados con la sangre de *Jesucristo*: Gracia y paz os sean multiplicadas" (1 P. 1:1–2, rvr1995).

Al usar estas palabras, Pablo, Pedro y otros escritores del Nuevo Testamento dejan claro que cada miembro de la Trinidad es Dios. La deidad no se divide en subcomponentes, como los pedazos de un pastel. Ni se trata de una jerarquía donde el Espíritu Santo se encuentra en la base. Todos son completa e inequívocamente Dios. Pero nunca funcionan separados, sino que fluyen en una armonía inexplicable.

Luego de que se escribiera el Nuevo Testamento, los padres de la primera iglesia escribieron unas declaraciones llamadas "credos", que explicaban este difícil concepto de un Dios trino a quienes estaban acostumbrados a adorar cientos de ídolos paganos. Una de las declaraciones más conocidas es el Credo Niceno, que fue escrito durante el Concilio de Nicea, en el año 325 d. C. Sobre el Padre, el Hijo y el Espíritu Santo, afirma:

"Creo en un solo Dios, Padre todopoderoso, Creador del cielo y de la tierra, de todo lo visible y lo invisible. Creo en un solo Señor, Jesucristo, Hijo único de Dios, nacido del Padre antes de todos los siglos [...]. Creo en el Espíritu Santo, Señor y dador de vida, que procede del Padre y del Hijo, que con el Padre y el Hijo recibe una misma adoración y gloria, y que habló por los profetas".[5]

Como se puede ver en esta declaración, el Padre, el Hijo y el Espíritu Santo reciben el mismo valor, y se enfatiza la naturaleza trina de Dios. Tal vez lo más hermoso de la trinidad es que se invita a los verdaderos creyentes a tener una relación cercana, íntima con las tres personas de la Deidad. Podemos tener una relación cercana con el Padre, con el Hijo y con el Espíritu Santo.

EL ESPÍRITU SANTO ES DIOS

En el siglo I, los conversos de origen griego o romano debieron haber tenido dificultades para entender a un Dios trino. Estaban acostumbrados a adorar a muchos dioses en su panteón; al dios del cielo, el dios del mar, el dios de la muerte, el dios del hierro, el dios del vino; así que era todo un reto para ellos renunciar a todas esas deidades y adorar a un único Dios todopoderoso. Es por ello que los primeros cristianos eran tan susceptibles a ciertas enseñanzas que minimizaban la deidad de Jesucristo o distorsionaban la Trinidad.

Actualmente, han surgido muchas religiones como resultado de las falsas enseñanzas sobre la Trinidad. Por ejemplo: Charles Taze Russell fundó la religión pseudocristiana conocido como los Testigos de Jehová en 1870, en parte para refutar el concepto de la Trinidad. Russell comenzó enseñando que Dios (que insistía debía llamarse únicamente Jehová) es el único Dios verdadero, y que el Espíritu Santo es simplemente una "fuerza activa", no una persona, que emana de Jehová.[6] Aunque los Testigos de Jehová llaman a Jesucristo el Hijo unigénito del Padre y enseñan que Jesús redimió a la humanidad a través de su crucifixión, no creen que es igual a

Dios. Para los Testigos de Jehová, el Padre es Dios, pero Jesús y el Espíritu Santo, no lo son.[7]

Tristemente, he conocido muchos cristianos nacidos de nuevo que nunca han entendido la verdadera naturaleza del Dios de la Biblia. Algunos no entienden que Jesús es igual al Padre y su "imagen misma" (Heb. 1:3). Y muchos cristianos ignoran el papel vital del Espíritu Santo. Al igual que los Testigos de Jehová, creen que el Espíritu es una "fuerza", similar al poder cósmico invisible de las películas de *La guerra de las galaxias*. Se refieren al Espíritu Santo como una cosa inanimada, aunque la Biblia lo menciona claramente como *Él*. El Espíritu es una persona. Y es Dios. Pero debido a la falta de discipulado y a una enseñanza ineficaz, se ha convertido en lo que el autor contemporáneo Francis Chan llama "el Dios olvidado".[8]

Los cristianos somos tristemente célebres por restarle importancia al Espíritu Santo. Muchas iglesias lo confinan en una caja de tradición. Otras, sencillamente lo ignoran por completo. Algunos cristianos lo tratan como algo que se materializó mágicamente en el libro de Hechos y que, como el genio de la botella, se desvaneció después de fundar la primera iglesia. Algunos grupos cristianos fundamentalistas sugieren que el Espíritu Santo fue necesario solo en los primeros años de la Iglesia; afirman que actualmente no tiene relevancia porque ya no necesitamos los mismos milagros que aparecen en el libro de Hechos. Esto no es bíblico. La Biblia en realidad nos muestra un Espíritu Santo activo desde la primera hasta la última página.

El Espíritu Santo es mencionado por primera vez en el segundo versículo de la Biblia, ¡y también se le menciona en el último capítulo del Apocalipsis! Él estuvo en el principio, y estará en el final. El mismo Espíritu que se movía sobre las aguas en la creación, que inspiró a los profetas del Antiguo Testamento, y capacitó a los primeros discípulos en el Pentecostés, ahora habita dentro de los seguidores de Jesucristo. El Espíritu no es inferior al Padre, ni un elemento adicional que podemos tomar o quitar. ¡Él es Dios!

Génesis 1:2 dice: "Y la tierra estaba desordenada y vacía, y las tinieblas estaban sobre la faz del abismo, y el Espíritu de Dios se movía sobre la faz de las aguas". Luego, en Apocalipsis 22:17 se nos habla de la obra del Espíritu al final de los tiempos: "Y el Espíritu y la Esposa dicen: Ven. Y el que oye, diga: Ven. Y el que tiene sed, venga; y el que quiera, tome del agua de la vida gratuitamente".

No es coincidencia que el Espíritu Santo aparezca tanto al principio como al final de la Biblia. Él ha estado totalmente involucrado en el plan de redención de Dios desde la creación, y lo estará al final de los tiempos. El Espíritu Santo no juega un papel secundario o terciario.

El Espíritu Santo también fue de vital importancia en la creación de la Biblia. Él inspiró a los autores del Antiguo y del Nuevo Testamento, ha trabajado para proteger sus escritos durante siglos, y guio al pueblo de Dios en el proceso de ensamblar los libros de la Biblia en un solo texto sagrado. El apóstol Pedro dice:

> "Los profetas que profetizaron de la gracia destinada a vosotros, inquirieron y diligentemente indagaron acerca de esta salvación, escudriñando qué persona y qué tiempo indicaba *el Espíritu de Cristo* que estaba en ellos, el cual anunciaba de antemano los sufrimientos de Cristo, y las glorias que vendrían tras ellos. A estos se les reveló que no para sí mismos, sino para nosotros, administraban las cosas que ahora os son anunciadas por los que os han predicado el evangelio por *el Espíritu Santo* enviado del cielo; cosas en las cuales anhelan mirar los ángeles".
>
> —1 Pedro 1:10–12, itálicas añadidas

Este pasaje nos muestra que el ministerio milagroso del Espíritu Santo era tan evidente en el período del antiguo pacto—en la época de los profetas, que sabían sobre la venida de Cristo—, como lo es en el período del nuevo pacto. Y nos recuerda que es gracias al poder vivificador del Espíritu Santo que el evangelio de Jesucristo es predicado actualmente en todo el mundo. ¡Es Él el que hace que esto ocurra! Él trabajó al principio de la creación. Trabajó para darnos la Palabra de Dios y trabaja hoy para llevar el mensaje de salvación a todo el que lo escuche.

Y lo más importante, ¡Él ha estado obrando en nuestra vida! En la época del antiguo pacto, el Espíritu Santo no moraba en el interior de las personas. Dios hacía que el Espíritu "descendiera" sobre ciertos reyes (como David), profetas (como Isaías o Jeremías), jueces (como Débora), o personas comunes y corrientes (como Gedeón). El Espíritu les daba poder, fuerza y discernimiento espiritual inusuales a estos individuos, o la gracia para cumplir los propósitos de Dios. Pero cuando los cristianos adoptaron el nuevo pacto, todo cambió. Jesús prometió que pondría su Espíritu dentro de nosotros. Antes de ser crucificado, les prometió a sus discípulos:

> "Y yo rogaré al Padre, y os dará otro Consolador, para que esté con vosotros para siempre: el Espíritu de verdad, al cual el mundo no puede recibir, porque no le ve, ni le conoce; pero vosotros le conocéis, porque mora con vosotros, y estará en vosotros".
>
> —Juan 14:16–17

Este es el milagro más grande del Espíritu Santo, que Él escoge habitar en el interior de cualquiera que ponga su fe en Cristo. El cristianismo es la única religión del mundo en la que Dios desciende y habita dentro de los seres humanos. El hinduismo enseña que el hombre puede intentar convertirse en un dios a través de una serie de vidas reencarnadas. El islamismo exige que sus seguidores se sometan completamente a su dios impersonal y distante practicando la oración diaria, visitando la mezquita y peregrinando. El budismo sugiere que el hombre puede alcanzar una especie de iluminación espiritual sin necesidad de dios alguno. El judaísmo enseña que el hombre puede llegar a ser justificado si sigue las leyes morales de Dios.

Solo el cristianismo reconoce que los pecadores no se pueden justificar a sí mismos, sino a través de un Salvador. Y ese Salvador no solo murió por ellos para pagar por sus pecados, sino que puso su Espíritu Santo dentro de su pueblo para que tuviera el poder de obedecerle. ¿Nos damos cuenta del milagro que representa nuestra salvación? Dios no solo pagó para que la tuviéramos, sino que también proveyó una forma de garantizárnosla: ¡dándonos su Espíritu para que viva en nosotros!

El Espíritu Santo en el Antiguo Testamento

Ahora que hemos dejado claro que el Espíritu Santo es Dios, y no un apéndice innecesario del Padre, será de gran ayuda observar cómo el Espíritu Santo se revela a lo largo de las Escrituras. Quiero enfocarme en el Antiguo Testamento porque muchos cristianos contemporáneos tienen la idea equivocada de que el Espíritu Santo nunca había aparecido hasta el Día de Pentecostés, según lo registrado en el libro de Hechos. Conjeturan que todo el viento, el fuego, el hablar en lenguas en el aposento alto que se describe en Hechos 2, fue la gran entrada del Espíritu en el mundo. ¡Pero no es así! El Espíritu había estado operando de formas poderosas mucho antes de esa importante reunión de oración.

Tenemos esa loca idea de que el Espíritu se estaba escondiendo dentro de una caja de pandora durante miles de años, y que un día, ¡pop! salió para derramar su poder sobre los primeros cristianos. Pero eso no es lo que dice la Biblia. Si creemos que el Espíritu salió de su escondite en el siglo I, es posible que creamos que puede regresar a su caja en cualquier momento. Le puedo asegurar que el Espíritu Santo nunca ha estado confinado dentro de una caja, y que Él ciertamente, nunca ha sido sometido a confinamiento.

La siguiente lista demuestra que el Espíritu Santo no tiene un papel secundario. Está en todos lados en la Biblia. Era un ente activo, vocal y poderoso en los tiempos del Antiguo Testamento. Y lo seguirá siendo en los días por venir.

En *Génesis* vemos al Espíritu Santo como el "Dador de la vida". Vemos su poder creativo agitándose sobre las aguas oscuras y caóticas del mundo primigenio, moviéndose y liberando la vida de Dios. "Y la tierra estaba desordenada y vacía, y las tinieblas estaban sobre la faz del abismo, y el Espíritu de Dios se movía sobre la faz de las aguas" (Gn. 1:2). El trabajo del Espíritu era crear vida. Esta imagen del Génesis nos recuerda la forma en la que el Espíritu Santo se mueve en el corazón en tinieblas de un individuo no converso, trayendo convicción de pecado, luego arrepentimiento, y luego la luz de la revelación que la transforma de un ser con un corazón endurecido a un creyente nacido de nuevo.

En *Éxodo* vemos al Espíritu Santo como la "Santa unción". Se revela en el aceite que Moisés preparó en el santo tabernáculo (Éx. 30:20–25). El aceite en las Escrituras siempre representa al Espíritu, que unge a los creyentes y los llena de gracia para que hablen en el nombre de Dios. Solamente el Espíritu Santo nos puede habilitar para ministrar a los demás.

En *Levítico*, el Espíritu Santo se revela como el "Fuego refinador". Él es el fuego de santidad que siempre arde en el altar de Dios. Según Levítico 6:12–13:

> "El fuego encendido sobre el altar no se apagará, sino que el sacerdote pondrá en él leña cada mañana, y acomodará el holocausto sobre él, y quemará sobre él las grosuras de los sacrificios de paz. El fuego arderá continuamente en el altar; no se apagará".

El fuego es usado en las Escrituras como una metáfora del Espíritu. Él quema los deseos y las actitudes pecaminosas en nuestra vida y nos da el poder para vivir una vida pura. Dios desea que la iglesia arda en este fuego santo, y no quiere que ese fuego se extinga.

En *Números*, el Espíritu Santo se revela como el "Espíritu de profecía". En una escena, el Espíritu que se posó sobre Moisés, también se posó sobre los setenta ancianos que servían con él. Cuando el Espíritu vino sobre estos hombres que Moisés había entrenado, comenzaron a profetizar, encontrándose en los alrededores de la tienda donde habitaba la presencia de Dios (ver Nm. 11:25). Más tarde, cuando Eldad y Medad, dos extranjeros con hambre espiritual, decidieron acercarse a la tienda y quedarse allí, el Espíritu Santo vino sobre ellos y recorrieron el campamento profetizando.

Cuando Moisés oyó que el Espíritu estaba obrando de esta forma en estos hombres, no se molestó. No trató de guardarse el poder del Espíritu Santo para sí mismo, ni de reservarlo para una pequeña élite. Moisés dijo: "Ojalá todo el pueblo de Jehová fuera profeta, y que Jehová pusiera su Espíritu sobre ellos" (Nm. 11:29). Este pasaje profetiza el día en el que el poder del Espíritu sería derramado sobre todos los que le sirven a Dios.

En *Deuteronomio*, el Espíritu Santo se muestra como el "Dios trascendental". Vemos que Josué, el sucesor de Moisés, fue "lleno del Espíritu de sabiduría" después de que Moisés puso sus manos sobre él (Dt. 34:9). Esta escena describe bellamente la manera en que el Espíritu Santo hace su obra, de época en época y de generación en generación. Los líderes ascienden y luego perecen, pero el Espíritu obra a través de las vasijas ungidas de Dios, para llevar a cabo su obra a lo largo de la historia.

En *Josué*, vemos al Espíritu Santo como el "Estratega divino". Con frecuencia, en este libro de conflictos militares, Dios le daba a Josué información sobrenatural sobre cómo vencer a los enemigos de Israel en Jericó, Ai, y las demás ciudades amuralladas de Canaán. Lo mismo aplica para nosotros hoy cuando libramos batallas espirituales con nuestros enemigos demoníacos. El Espíritu nos ayuda cuando no sabemos cómo orar.

En *Jueces*, el Espíritu aparece como "El que da poder". La frase "El Espíritu del Señor vino sobre…" se repite en Jueces. El Espíritu vino sobre Otoniel para que pudiera derrotar a los enemigos de Israel. El Espíritu vino sobre Gedeón, aunque se sentía débil e inferior. El Espíritu vino sobre Sansón y le dio el poder de partir un león por la mitad con sus propias manos. En todos los casos, vemos cómo el Espíritu puede dar fuerza y valentía sobrehumana a personas comunes y corrientes.

En *Rut* vemos al Espíritu Santo como el "Espíritu de adopción". Rut era una gentil, que no tenía derecho a las bendiciones de Israel. Su linaje moabita no le permitía recibir las bendiciones de

Abraham y de aquellos que adoraban al Dios verdadero. A pesar de los orígenes de esta mujer, Dios la bendijo enormemente. No solo se convirtió en la esposa de Booz, sino en parte del linaje de David, lo cual la inserta también en el linaje de Cristo. Esto es lo que el Espíritu hace con cada uno de nosotros cuando nacemos de nuevo. Somos adoptados por Dios y nos convertimos en sus hijos espirituales. Este es el trabajo del Espíritu Santo.

En ambos libros de *Samuel*, vemos el Espíritu como el "Transformador". Cuando el profeta Samuel derramó un frasco de aceite sobre Saúl, profetizó diciendo: "Entonces el Espíritu de Jehová vendrá sobre ti con poder, y profetizarás con ellos [los demás profetas], y serás mudado en otro hombre" (1 S. 10:6). Aquí vemos que la unción del Espíritu Santo puede hacer que individuos normales, tímidos e inseguros actúen de forma diferente. ¡Es de esta manera que Dios ha logrado su misión a lo largo de los siglos! La mayoría de nosotros somos demasiado pecadores y disfuncionales como para considerarnos candidatos de Dios. Además, siempre estamos prestos para excusarnos y abandonar el servicio. Pero el Espíritu puede transformarnos y darnos la confianza que nos hace falta.

En 1 y 2 Reyes, el Espíritu Santo es el "Hacedor de milagros". Al principio el Espíritu desciende con poder sobre Elías. Su ministerio está marcado por numerosos milagros: una provisión sobrenatural, la resurrección del hijo de la viuda y el fuego que bajó del cielo. Pero luego Eliseo, que fue entrenado por Elías, le ruega a su mentor que le dé una "doble porción" del Espíritu Santo. Cuando esto ocurre y el manto de Elías es traspasado a su hijo espiritual Eliseo, este realiza el doble de milagros que su mentor presenció durante su ministerio.

De forma similar, Jesús realizó milagros poderosos y luego traspasó el manto a sus discípulos, y luego a nosotros. ¡Y nos promete que las obras poderosas que veremos serán mayores que las que Él hizo en la tierra! Esto nos recuerda lo que Jesús prometió a sus seguidores en Juan 14:12: "De cierto, de cierto os digo: El que en mí cree, las obras que yo hago, él las hará también; y aún mayores hará, porque yo voy al Padre".

En ambos libros de *Crónicas,* vemos al Espíritu Santo como el "Inspirador divino". A Israel le esperaba una derrota segura luego de que los amonitas invadieran la tierra y se prepararan para atacar. Pero se nos dice que en ese momento "el Espíritu de Jehová vino sobre Jahaziel" en medio de la asamblea, y le profetizó al rey Josafat (2 Cr. 20:14). Esa sola palabra de estímulo profético inspiró tanta fe en el pueblo, que ganaron la batalla. Una palabra profética de inspiración, dicha bajo la unción del Espíritu, tiene el poder de cambiar cualquier situación.

En *Esdras* y *Nehemías,* el Espíritu es nuestro "Maestro" y "Restaurador". El sacerdote Esdras les enseñó nuevamente los caminos de Dios a los refugiados judíos que regresaban. Esto nos recuerda que Jesús describió al Espíritu Santo como un maestro (Jn. 14:26). Algunos expertos en la Biblia señalan que Nehemías es un símbolo del Espíritu Santo, porque su nombre significa "Consolador", el término que la versión RV1960 usa para denominar el Espíritu en Juan 14:26. Así como Nehemías lideró el esfuerzo de una nación para reconstruir la ciudad devastada de Jerusalén, el Espíritu Santo trabaja en nuestras vidas y sana nuestras almas contritas cuando venimos a Cristo.

En *Ester* no se menciona al Padre ni al Hijo ni al Espíritu Santo. Toda la historia ocurre en un entorno secular peligroso, lleno de intrigas de palacio, conspiraciones y planes genocidas. Me encanta este libro porque me recuerda que Dios obra en silencio tras bastidores, incluso cuando no podemos ver su mano. Seguramente fue el Espíritu Santo el que le reveló los planes malvados de Amán a Mardoqueo y le dio a Ester la valentía de ayunar, orar y actuar con valor para evitar que los judíos fueran asesinados. Cuando estamos en una situación peligrosa, podemos estar seguros de que el Espíritu Santo está obrando tras bastidores.

En *Job,* vemos al Espíritu Santo como el "Consolador" en los tiempos de prueba. Nadie quiere atravesar las intensas luchas personales que Job atravesó, la ruina financiera, la muerte de seres queridos, una enfermedad incurable; pero su fe se hizo mucho más fuerte, porque el Espíritu Santo lo fortaleció cuando confió en Dios.

En el libro de los *Salmos,* el Espíritu Santo es nuestro "Sustentador". El rey David, quien escribió aproximadamente un tercio de los salmos, encontraba refugio en sus luchas cuando iba al tabernáculo a orar a Dios. Nosotros podemos recibir el mismo poder sustentador y el mismo gozo que experimentaba David si buscamos refugio en la presencia de Dios. Cuando alabamos, adoramos y oramos, el Espíritu nos da descanso, renueva nuestro espíritu, y nos confiere fuerza, valor y un gozo sobrenatural. Él levanta nuestras cabezas cuando estamos desanimados.

En *Proverbios* y *Eclesiastés,* el Espíritu Santo es el "Espíritu de sabiduría". Muchas de las sabias reflexiones que aparecen en Proverbios fueron compiladas por el rey Salomón, quien le pidió a Dios sabiduría en vez de larga vida, riquezas o fama, cuando estaba a punto de ser coronado rey de Israel (1 R. 3:9–12). La sabiduría poco usual de Salomón venía directamente del Espíritu Santo, que es la razón por la que el libro de Proverbios ha sido considerado durante generaciones como una obra profunda de literatura antigua. Cuando tenemos la sabiduría de Dios, hasta nuestros enemigos llegan a respetarnos.

En *Cantar de los Cantares,* encontramos al Espíritu Santo como "El que ama nuestras almas". Así como la esposa en ese poema desea desesperadamente a su esposo, y se deleita en su presencia, nosotros podemos experimentar una relación íntima con Cristo a través de su Espíritu Santo, el cual habita en nosotros y nos impulsa a buscarlo. Muchos cristianos nunca han abierto su corazón lo suficiente para aceptar este nivel de intimidad con Dios, pero está disponible para cualquiera que ansíe su aprobación.

En *Isaías* vemos al Espíritu Santo como "el que ungió a Jesús". Isaías contiene tantas referencias a la llegada de Jesús como Mesías, que se le ha llamado "el evangelio del Antiguo Testamento". En muchas de sus profecías mesiánicas, este libro profético explica cómo el Espíritu le da poder a Jesús para traer salvación al mundo. Isaías 61:1 dice:

"El Espíritu de Jehová el Señor está sobre mí, porque me ungió Jehová; me ha enviado a predicar buenas nuevas a los abatidos, a vendar a los quebrantados de corazón, a publicar libertad a los cautivos, y a los presos apertura de la cárcel".

Cuando Jesús comenzó su ministerio público en Nazaret, tomó el rollo de la sinagoga local, leyó este mismo pasaje y luego declaró: "Hoy se ha cumplido esta Escritura delante de vosotros" (Lc. 4:21). Las palabras de Isaías, específicamente las que hablan del Espíritu, fueron el primer paso en la misión divina de Jesús.

En *Jeremías*, vemos al Espíritu Santo como el "Morador prometido". Jeremías pasó gran parte de su vida tratando de enfrentar a los israelitas desobedientes, recordándoles sus pecados. Pero también lloró con compasión profunda por ellos. Entendió que Dios haría algo nuevo y misericordioso. ¡Sus planes eran terminar con el Antiguo Pacto e iniciar un Nuevo Pacto! Jeremías dice:

"He aquí que vienen días, dice Jehová, en los cuales haré nuevo pacto con la casa de Israel y con la casa de Judá. No como el pacto que hice con sus padres el día que tomé su mano para sacarlos de la tierra de Egipto; porque ellos invalidaron mi pacto, aunque fui yo un marido para ellos, dice Jehová. Pero este es el pacto que haré con la casa de Israel después de aquellos días, dice Jehová: Daré mi ley en su mente, y la escribiré en su corazón; y yo seré a ellos por Dios, y ellos me serán por pueblo".

—JEREMÍAS 31:31–33

Jeremías experimentó el poder del Espíritu en su vida, y sabía que un día los seguidores del Dios verdadero conocerían su poder y podrían servir a Dios fielmente, porque el Espíritu les daría la gracia para actuar en obediencia.

En *Lamentaciones,* el Espíritu Santo es el "Gran intercesor". El autor, Jeremías, a veces llamado "el profeta que llora", deja que la carga del Espíritu lo consuma totalmente. Él escribió: "Mis

ojos desfallecieron de lágrimas, se conmovieron mis entrañas,
Mi hígado se derramó por tierra a causa del quebrantamiento de la
hija de mi pueblo, cuando desfallecía el niño y el que mamaba, en las
plazas de la ciudad" (Lm. 2:11). Quienes tienen una relación íntima con
el Espíritu Santo, con frecuencia sienten las cargas y preocupaciones
de Dios, porque el Espíritu intercede por nosotros "con gemidos indecibles" (Ro. 8:26). El Espíritu Santo ora en nuestro favor, y quienes
desean profundamente conocerlo sentirán sus preocupaciones.

En *Ezequiel,* vemos al Espíritu Santo como el "Condenador". Este
es un concepto que no entendemos actualmente. Nadie quiere que
le digan que está pecando. La actitud que prevalece hoy en día es
la de dejar que todos practiquen su estilo de vida favorito y tolerar
sus elecciones. Pero Ezequiel no era políticamente correcto. Era un
profeta audaz, que condenaba el pecado, exigía arrepentimiento y
reprendía incluso a los sacerdotes de Dios.

En *Daniel,* vemos al Espíritu Santo como "El que da comprensión profética". Cuando Dios le llevó delante del rey para que inter-
pretara sus sueños o profetizara, él estaba confiado en el Espíritu
Santo para recibir inspiración divina. El resultado fue que los go-
bernantes paganos reconocieron su conexión sobrenatural con Dios.
Ellos no entendían completamente al Dios que él adoraba, pero sabían que recibía revelación divina. El Espíritu tiene el poder de
mostrarnos información oculta y acontecimientos futuros.

En los *profetas menores,* el Espíritu es "el que anima". Incluso
en el período más oscuro de la historia de Israel, cuatrocientos
años antes de la llegada de Cristo, los profetas se levantaron para
recordarle al pueblo de Dios que había una luz al final de túnel.
Los judíos enfrentaron opresión civil y depresión económica, pero
el Espíritu Santo siempre estuvo allí para recordarles la fidelidad
de Dios en los tiempos más difíciles. Y Él también nos animará
cuando atravesemos el valle de la desesperación.

El profeta *Joel* le dijo a un Israel sin esperanzas que el Espíritu
Santo un día sería derramado sobre toda carne (Jl. 2:28). *Zacarías*
le recordó a un Israel desanimado que Dios enviaría el "Espíritu
de gracia y de oración" cuando vieran al Mesías crucificado (Zac.

12:10). *Hageo* animó al agotado pueblo de Jerusalén, recordándole: "Mi Espíritu estará en medio de vosotros" (Hg. 2:5). Los profetas menores nos recuerdan que cuando las luces se apagan y parece que Dios se ha olvidado de nosotros, Él aún está allí para confortarnos y guiarnos.

MEDITEMOS EN ESTO

1. ¿Cómo le explicaría usted el concepto de la Trinidad a alguien que no es cristiano?

2. ¿Por qué cree usted que algunos cristianos descuidan o ignoran al Espíritu Santo actualmente? ¿Siente usted que lo descuida?

3. El Espíritu Santo es descrito como un ser que se mueve en Génesis 1 y en Apocalipsis 22. ¿Cree usted que el Espíritu se mueve y se expresa en su vida? Sí es así, ¿de qué forma lo hace?

4. El Espíritu Santo era muy activo en el Antiguo Testamento. ¿Cuáles son las diferencias en su forma de operar en esa época y en la época actual?

UNA ORACIÓN PELIGROSA

Señor, gracias por enviar al Espíritu Santo para que habite en mi ser y sea mi Consolador y mi Amigo, el que me da ánimo y poder. En la época del Antiguo Testamento, la gente no experimentaba lo que yo experimento hoy. No quiero nunca dar por sentada la existencia del Espíritu Santo en mi vida. Abre mis ojos para ver la obra de tu Espíritu. Abre mis oídos para escuchar su voz. Abre mi corazón para experimentar la abundancia de su presencia en mí. Amén.

Capítulo tres

TODO SE TRATA DE JESÚS

El Espíritu Santo glorifica al Salvador

¿Cuál es mi deber? Mi deber principal es complacer a Cristo. Morir a mí misma y llenarme de Él. Llenarme del Espíritu Santo y ser guiada por Él.[1]
—AIMEE SEMPLE MCPHERSON (1890–1944)
EVANGELISTA PENTECOSTAL

HEMOS DEJADO CLARO que el Padre, el Hijo y el Espíritu Santo, son el mismo Dios en un estado de igualdad. También hemos visto que los tres componentes de la Deidad comparten una unidad y una intimidad mística: fluyen juntos en un amor profundo y armonioso. El Padre se glorifica en el Hijo y le da un lugar a su diestra; Jesús exalta al Padre y el Padre exalta al Hijo; Jesús glorifica al Espíritu Santo y habla de su paz duradera y sus habilidades sobrenaturales.

Pero Jesús también señaló antes de morir que cuando el Espíritu llegara para habitar permanentemente en cada cristiano, no llamaría la atención hacia sí mismo. A pesar de lo poderoso que es el Espíritu y de su rol activo en la edificación de la Iglesia, convenciendo de pecado y bendiciendo a los cristianos con valentía y dones espirituales; a Él le gusta permanecer tras bastidores. Esto no quiere decir que sea inferior al Padre o al Hijo en ningún aspecto, sino que parte de su misión es conducir, tanto al mundo incrédulo como a la Iglesia, hacia Jesucristo, el Hijo.

Jesús les dijo a sus seguidores en Juan 16:13–14 que el Espíritu no vendría para llamar la atención sobre sí mismo:

"Pero cuando venga el Espíritu de verdad, Él os guiará a
toda la verdad; porque no hablará por su propia cuenta,
sino que hablará todo lo que oyere, y os hará saber las cosas
que habrán de venir. Él me glorificará; porque tomará de lo
mío, y os *lo* hará saber".

Notemos que Jesús dijo que el Espíritu Santo "me glorificará". En
Juan 15:26, Jesús también dijo sobre el Espíritu: "Cuando venga el
Consolador, a quien yo os enviaré del Padre, el Espíritu de verdad,
el cual procede del Padre, él dará testimonio acerca de mí". Aunque
el papel del Espíritu es muy importante y sus milagros asombrosos,
Él no quiere llevarse el crédito por lo que hace. No va por ahí hablando de sí mismo. Él quiere que todo lo que diga honre y exalte
a Cristo, el Hijo.

Es importante que tomemos esto en cuenta cuando aprendamos sobre los dones del Espíritu Santo. Con frecuencia, cuando
una iglesia comienza a enfocarse en las manifestaciones del Espíritu Santo, como: la sanación, el hablar en lenguas, las profecías, los sueños, las visiones, etcétera; corre el riesgo de salirse del
camino correcto y caer en conceptos equivocados, incluso en la
herejía. ¿Por qué? Porque si dejamos que las manifestaciones del
Espíritu se conviertan en el centro de atención, en vez de concen-
trarnos en Cristo, podemos equivocarnos. El propio Espíritu se
enfoca en Jesús.

La electricidad es una gran bendición. Nos da luz, calor, aire
acondicionado y la facilidad de usar nuestros electrodomésticos
y computadoras. Pero si nuestra casa no tiene un buen cableado,
podemos morir electrocutados. Los electricistas saben que el sistema eléctrico de una casa debe estar pegado a la tierra; un cable
de tierra envía el exceso de corriente al suelo para que no le haga
daño a nadie. Si un aparato no está correctamente pegado a tierra,
puede provocar un incendio o electrocutar a quien lo toque. De la
misma manera, el Espíritu Santo le da un gran poder a la Iglesia,
pero siempre se asegura de que su poder esté totalmente conectado

a Jesús. El Espíritu no actúa aislado de Jesús, y nunca dice nada que contradiga lo que Jesús ha dicho.

El comentador de la Biblia Matthew Henry lo explica así: "Todos los dones y gracias del Espíritu, todas las prédicas y escritos de los apóstoles, las lenguas y los milagros realizados bajo la influencia del Espíritu, fueron realizados para glorificar a Cristo [...], el Espíritu no vino a levantar un nuevo reino, sino a enriquecer y afianzar el mismo Reino que Cristo levantó, a mantener el mismo interés y seguir el mismo diseño".[2]

Este principio nos ayuda a entender qué proviene y qué no proviene del Espíritu Santo. ¿Cómo podemos discernir si un ministerio es de Dios? La respuesta es simple: si un ministro exalta el nombre de Jesús y hace que nos concentremos en Él, viene del Espíritu Santo. Si por el contrario, hace que nos concentremos en un predicador estrella, una "nueva" doctrina exótica, la revelación sensacional de alguien, o una moda espiritual poco ortodoxa, entonces no viene del Espíritu Santo (ver Jn. 16:14–15). Aunque miles de personas salten de entusiasmo por la última tendencia espiritual, o gasten millones de dólares en libros y grabaciones, esta tendencia no proviene de Dios si nos distrae de Jesús, lo minimiza, o le resta importancia a su papel fundamental.

El teólogo británico Charles Spurgeon nos advirtió sobre esto hace más de 150 años, cuando escribió:

> "El ministerio que exalta a Cristo es del Espíritu Santo, mientras que el ministerio que lo corrige, lo ignora, o le resta importancia en cualquier nivel, no es del Espíritu de Dios. Cualquier doctrina que magnifique al hombre, pero no al Redentor del hombre, cualquier doctrina que niegue la gravedad de la caída de Adán, y que en consecuencia banalice la importancia de la salvación, cualquier doctrina que nos limpie de pecado, y que en consecuencia minimice el trabajo de Cristo,—aléjese de ella, aléjese de ella—[...]. Todos los ministerios deben por lo tanto

someterse a esta prueba: si no glorifican a Cristo, no son
del Espíritu Santo.[3]

He visto muchas iglesias y ministerios que comienzan muy bien,
pero luego caen en el error y los excesos porque dejan de concen-
trarse en Jesús. Muchas de estas iglesias decían estar "llenas del
Espíritu" y recalcaban los dones del Espíritu. Pero al final implosio-
naron, porque raramente mencionaban a Cristo y lo único que les
importaba eran las manifestaciones espirituales.

Hace unos años, una iglesia del oeste de Estados Unidos que se
autodefinía como "llena del Espíritu" comenzó a clamar que unas
gemas gigantes aparecían de la nada durante el servicio. El pastor
decía que del techo de la iglesia caían rubíes, esmeraldas y zafiros,
mientras la gente adoraba. Por supuesto, esta historia picó la cu-
riosidad de muchos sin discernimiento, y comenzaron a aparecer
multitudes de visitantes. Los servicios de "avivamiento" estaban re-
pletos, y todas las noches publicaban fotos en las redes sociales con
un puñado de piedras de colores que supuestamente habían aparecido sobre la alfombra (parecían joyas de plástico compradas en
una tienda de manualidades). Nadie llevó estas supuestas gemas
a una joyería para probar su autenticidad, pero la gente hacía fila
todas las noches para asistir a las reuniones.

Unos meses después, todo se acabó repentinamente cuando se
supo que el pastor de "avivamiento" había dejado a su esposa por
otra mujer. Los que asistían a la iglesia estaban demasiado avergonzados por el escándalo moral como para admitir públicamente que
el fiasco había sido una estafa. Pero cuando escuché sobre esto por
primera vez, sabía que no podía ser un avivamiento real porque el
Espíritu Santo no concentraría la atención de la gente en gemas, ni
en un hombre con un extraño don de hacer que cayeran rubíes del
techo. ¡El Espíritu glorifica a Jesús!

En retrospectiva, los que estaban en esas reuniones no se enfocaban en Jesucristo. El Espíritu Santo se mencionaba mucho, pero
sin duda, Él estaba triste. Esto nos enseña una lección: aunque sintamos pasión por las cosas de Espíritu Santo, nunca debemos dejar

que nuestro mensaje se desvíe de la verdadera piedra angular, que es Jesús. No debemos enfocar nuestra fe en milagros, sueños, visiones, ángeles, experiencias cercanas a la muerte, enseñanzas exóticas, predicciones precisas sobre la Segunda Venida o predicadores populares.

El ingrediente principal de la unción del Espíritu Santo

El aceite es usado frecuentemente como simbolismo del Espíritu Santo en el Antiguo Testamento. Cuando el Señor le dictó a Moisés las especificaciones para fabricar el tabernáculo, con su altar de oro, el candelabro de siete brazos, la mesa del incienso y el arca de la alianza, también le dio una receta única para preparar el aceite perfumado que se usaría en la adoración. Esta es una de las recetas de la Biblia, y Dios dice que nadie puede alterar los ingredientes ni las cantidades. Leemos en Éxodo 30:22–25:

> "Habló más Jehová a Moisés, diciendo: Tomarás especias finas: de mirra excelente quinientos siclos, y de canela aromática la mitad, esto es, doscientos cincuenta, de cálamo aromático doscientos cincuenta, de casia quinientos, según el siclo del santuario, y de aceite de olivas un hin. Y harás de ello el aceite de la santa unción; superior ungüento, según el arte del perfumador, será el aceite de la unción santa".

No hay dudas de que existían otros tipos de incienso y aceites perfumados en aquellos días. Estoy seguro de que Moisés alguna vez tuvo acceso a estos óleos exóticos en los palacios egipcios donde creció. Pero Dios no copió su receta de Egipto, ni le dio permiso a Moisés para compartir este aceite especial con los comerciantes que cruzaban el desierto transportando especies exóticas desde el Oriente hasta Egipto. Dios dijo que esta receta era una mezcla exclusiva, era una receta santa y tenía un aroma único. Era para ser usado solo en el tabernáculo, para consagrar el mobiliario en la tienda del Señor y para ungir a sus sacerdotes. Y este aceite debía cumplir algunos requisitos adicionales. Éxodo 30:30–33 dice:

> "Ungirás también a Aarón y a sus hijos, y los consagrarás para que sean mis sacerdotes. Y hablarás a los hijos de Israel, diciendo: Este será mi aceite de la santa unción por vuestras generaciones. Sobre carne de hombre no será derramado, ni haréis otro semejante, conforme a su composición; santo es, y por santo lo tendréis vosotros. Cualquiera que compusiere ungüento semejante, y que pusiere de él sobre extraño, será cortado de entre su pueblo".

No es necesario decir que Moisés entendía que Dios hablaba en serio: este era su aceite especial. Él debía mezclar las especias con aceite de oliva puro y guardar la receta para que nadie la copiara. Y aunque el aceite se podía aplicar libremente sobre los implementos de oro y sobre la cabeza de Aarón (Éx. 29:7), nunca se podría aplicar sobre nadie que no fuera sacerdote. Eso significaba que solo los hombres judíos entre veinticinco y cincuenta años, que pertenecieran a la tribu de Leví, eran elegibles para tocar este aceite sagrado.

Hoy podemos estar agradecidos de que Jesús haya venido a pagar el precio final por nuestros pecados, ya que eliminó estas restricciones para el sacerdocio. Actualmente, bajo el nuevo pacto, todo el que cree en Cristo puede ser sacerdote del Señor. Pedro denomina a la iglesia como "sacerdocio santo" (1 P. 2:5).

Cuando el Espíritu Santo se derramó sobre los primeros discípulos en el día del Pentecostés, se hizo evidente que este aceite ya no estaba reservado solo para los judíos, ni solo para los hombres, ni solo para quienes estaban dentro de cierto rango de edad. No, Dios declaró a través de Pedro en su sermón inaugural del Pentecostés, que aparece en Hechos 2:17–18, que el Espíritu ungiría "toda carne" (queriendo decir todas las razas), "tus hijos e hijas" (ambos géneros), "los jóvenes y ancianos" (de todas las edades), incluso "tus esclavos y esclavas" (de todos los niveles económicos). El aceite del

Espíritu Santo que fluyó del cielo el día del Pentecostés todavía era santo, pero ya no se embotellaba ni se reservaba para unos pocos.

No obstante, eso no quiere decir que el aceite del Nuevo Pacto es más barato o menos valioso. Los ingredientes siguen siendo los mismos. La receta no ha cambiado. Las Escrituras dicen: "Este será mi aceite de la santa unción *por vuestras generaciones*" (Éx. 30:31, itálicas añadidas). El Espíritu Santo del Nuevo Pacto no es una versión difusa del Espíritu Santo del Antiguo Pacto. El hecho de que todo creyente bautizado en el nombre de Jesús pueda estar lleno del Espíritu Santo, no significa que podemos corromper los ingredientes originales. Aún debemos seguir la receta que nos fue enviada del cielo. Y nunca, nunca, debemos mezclarla con ninguna sustancia extraña.

¿Qué representan entonces estos ingredientes que conforman el aceite de la unción? Los eruditos bíblicos han reconocido durante siglos que cada parte de este brebaje inusual apunta al propio Jesucristo. ¡Eso significa que el Espíritu Santo refleja el carácter y la naturaleza de Cristo!

- La mirra es una resina aromática que se usaba como perfume y como compuesto para embalsamar. La mirra fue una de las ofrendas que los magos le llevaron al niño Jesús cuando viajaron desde el Oriente hasta Belén (Mt. 2:11). Sin dudas, la mirra era para ellos un obsequio real; pero también representaba el destino final del Mesías, que moriría cruelmente en una cruz para redimir a la humanidad del pecado. Esta mirra fragante, de color rojo oscuro, se mezclaba con el aceite santo de la unción del tabernáculo de Moisés para recordarnos que la muerte de Jesús nos traería vida. Aunque la mirra tiene buen olor, tiene un sabor desagradable. Esto nos recuerda que nuestro dulce Salvador tuvo que sufrir mucho durante su ministerio.

- La canela también tiene un aroma dulce. Esto también nos señala a Jesús, ya que Él lleva su aroma fragante a donde quiera que va. Efesios 5:2 dice que Jesús nos amó "y se entregó a sí mismo por nosotros, ofrenda y sacrificio a Dios en olor fragante". Jesús es puro y dulce, no hay nada profano en Él.

- El cálamo crece en los suelos pantanosos de las tierras bajas, lo cual nos recuerda que Jesús abandonó su posición de gloria y se humilló a sí mismo para vivir en este mundo sucio y lleno de pecado. Cristo eligió amar a los pecadores y se mezcló totalmente con nosotros, aunque era el Hijo real de Dios.

- La casia es una corteza aromática que crece en un pequeño arbusto. Muchos analistas bíblicos afirman que la raíz hebrea de esta planta significa "encorvarse" o "reverenciar", como se hace en la adoración. Es un recordatorio de que nuestro amado Salvador siempre vivió la vida en perfecta sumisión al Padre. Nunca actuó por su cuenta. Siempre oraba: "Pero no se haga mi voluntad, sino la tuya" (Lc. 22:42). Él fue un modelo de verdadera adoración para nosotros, la rendición total del corazón ante Dios, en eterna obediencia y devoción.

- El aceite de oliva tiene un rico simbolismo en nuestra fe cristiana. La rama de oliva aparece por primera vez en Génesis, cuando la paloma regresa al arca de Noé con una rama de oliva recién cortada en su pico (Gn. 8:11). Es un símbolo de paz, esperanza y perdón de Dios. El árbol de olivas representa a la nación de Israel. Dios con frecuencia lo comparaba con su pueblo elegido, los judíos.

Pero el simbolismo más poderoso aparece al final de ministerio de Jesús. Cuando observamos todos los ingredientes del santo aceite de la unción, podemos ver que existe una instrucción muy clara: todos los ingredientes tienen que ser molidos. La fabricación del aceite de oliva requiere de una intensa presión. Isaías se refirió al Mesías diciendo: Él fue "molido por nuestros pecados" (Is. 53:5).

Jesús cargaba sobre sí los pecados del mundo cuando oró en el Getsemaní, antes de ser arrestado. En griego, Getsemaní significa "prensa de oliva". En ese oscuro momento de angustia, Jesús fue presionado por el Padre. Allí aceptó voluntariamente cargar los pecados del mundo en su cuerpo. La presión quebrantó su corazón y lo hizo llorar lágrimas de sangre, incluso antes de recibir los clavos en sus manos y pies. El aceite de oliva nos recuerda la presión que enfrentó Jesús.

El punto aquí es que si de verdad queremos conocer al Espíritu Santo y su obra, debemos entender que Él refleja completamente la naturaleza del propio Jesús. El Espíritu no busca resaltar sus propias características, sino ser la imagen de Jesús. El Espíritu no busca su propio bien, sino magnificar a Cristo. El Espíritu no tiene un olor diferente al de Jesús, ¡Él lleva la fragancia de Cristo! Y el Espíritu de Cristo es el Espíritu de humildad, servidumbre, pureza y obediencia desinteresada al Padre. Si queremos llenarnos del Espíritu Santo, debemos vivir una vida que concuerde con la de Jesús.

Actualmente, muchos aseguran que fluyen en la unción del Espíritu Santo, pero debemos recordar que la verdadera prueba de que una vida está llena del Espíritu no son milagros repentinos, ni una fe que mueve montañas, ni sermones a todo volumen. Debemos preguntarnos: ¿Tiene esta persona aroma a Jesús? ¿Tiene la humildad, el carácter y el fruto de Cristo? Esa es la verdadera prueba, porque el Espíritu Santo no vuelve a las personas arrogantes, presumidas, mentirosas, ambiciosas, ni amargadas. Nunca le creamos a un predicador que asegure fluir en el Espíritu Santo, pero que no se ha humillado delante de Dios. No ha sido ungido por el aceite genuino del Espíritu.

Cómo el Espíritu nos señala hacia Jesús en el Nuevo Testamento

En la época del Antiguo Pacto, el Espíritu Santo "descendía" sobre la gente para cumplir los propósitos de Dios. Pero el Antiguo Pacto tenía muchas deficiencias. De hecho, Dios lo diseñó de esa manera para que pudiéramos entender nuestra necesidad desesperada de Cristo. El Antiguo Pacto nos hizo comprender que necesitábamos el Nuevo Pacto. No fue sino hasta que Jesús pagó por nuestros pecados y envió su Espíritu a los corazones humanos que pudimos tener el poder y la habilidad de amar y servir a Dios fielmente. No podíamos hacerlo con el poder de nuestra voluntad, porque tenemos una inclinación total al pecado. Necesitamos no solo su perdón, sino que su Espíritu viva dentro de nosotros y nos dé el poder de su gracia para llevar una vida santa.

El evangelista sudafricano Andrew Murray lo explicó de esta forma en su libro clásico *The Two Covenants* [Los dos pactos]:

> "El Antiguo Pacto puso en evidencia la deslealtad y las fallas del ser humano. Con el Nuevo Pacto, Dios quiso demostrar lo que le puede ocurrir al hombre, a pesar de lo desleal y débil que es, cuando permite que Dios haga todo el trabajo y confía en Él. El Antiguo Pacto dependía de la obediencia del hombre [...], Dios se comprometió a no romper jamás el Nuevo Pacto. Él lo mantiene y se asegura de que nosotros también lo hagamos: así el Nuevo Pacto se convierte en un Pacto Eterno".[4]

El apóstol comparó el Antiguo y el Nuevo Pacto en 2 Corintios 3:7-11, haciendo la observación de que el Antiguo Pacto, al cual llamaba "el ministerio de condenación", brindaba una gloria pasajera que se podía observar en el rostro de Moisés cuando estaba en presencia de Dios. El Antiguo Pacto se caracterizaba por la letra de la ley, o lo que Pablo llamaba "las letras talladas en piedra". La ley nos enseñó cómo debíamos vivir, ¡pero no nos dio el poder de vivir de esa manera! En contraste, el Nuevo Pacto, el cual Pablo llamó "el ministerio de justicia", tiene muchísima más gloria.

¿Con cuál nos quedaremos? ¿Con una lista de lo que se debe y no se debe hacer para cumplir a la perfección, o con un Espíritu Santo que nos lleva al arrepentimiento y obra dentro de nosotros para conformarnos a la imagen de Cristo? ¿Qué es mejor: esforzarnos y luchar para ser fieles a Dios con nuestras propias fuerzas, o relajarnos y dejar que Dios haga todo el trabajo? ¡Es más fácil entregarnos al Espíritu y dejar que Él haga el trabajo! Esta es la razón por la que Pablo se maravillaba cuando comparaba el Antiguo y el Nuevo Pacto y preguntaba: "¿No será todavía más glorioso el ministerio del Espíritu?" (2 Co. 3:8, NVI). Debemos agradecer al Señor todos los días porque nacimos en una época en la que podemos recibir las bendiciones de un Espíritu Santo que habita en nosotros. ¡Qué afortunados somos de vivir en la era del Espíritu!

En el capítulo dos vimos que el Espíritu se reveló en el Antiguo Testamento. Ahora repasaremos el Nuevo Testamento rápidamente para conocer las formas poderosas en las que el Espíritu obra en esta dispensación.

En Mateo, vemos al Espíritu Santo como la "Paloma de la paz". Cuando el Espíritu desciende sobre Jesús en el bautismo, habilitándolo para realizar milagros, el Evangelio dice que Jesús "vio al Espíritu de Dios que descendía como paloma, y venía sobre él" (Mt. 3:16). En el Antiguo Testamento, una paloma representa la paz.

Una paloma no encaja en nuestra definición de poder y bravuconería. Después de todo, el Espíritu tiene todo el poder. Él puede levantar a los muertos, curar enfermedades y abrir los ojos a los ciegos. Pero cuando se derrama sobre Jesús para llenarlo de su poder, se muestra como una mansa paloma, como la paloma que era usada para hacer sacrificios en el tabernáculo. No un halcón, ni un cóndor, ¡si no una paloma! Esto nos recuerda que aunque el Espíritu es poderoso, también es manso como Cristo, pues modera su fuerza con su humildad. Esta es la verdadera marca del poder del Espíritu.

En el Evangelio de Marcos, vemos al Espíritu Santo como el "Hacedor de milagros". Aunque Marcos es el evangelio más corto, registra más milagros que Mateo, Lucas y Juan, y muestra a Jesús como el Salvador poderoso que oraba por los enfermos, expulsaba demonios y levantaba a los muertos.

Tan pronto Jesús fue bautizado y tentado por el diablo, reprendió a un demonio que atormentaba a un hombre en una sinagoga. El hombre comenzó a convulsionar y luego quedó libre. La palabra *inmediatamente* aparece más de cincuenta veces en el Evangelio de Marcos. Eso nos demuestra que cuando estamos llenos del Espíritu, estamos en movimiento; el Espíritu nos da poder para viajar a diferentes lugares y predicar con denuedo.

En *Lucas* vemos el Espíritu Santo como el "Regalo del Padre". Jesús enseñó mucho sobre el amor afectuoso y generoso del Padre. Dejó claro que uno de los regalos más grandiosos que el padre nos da es su Espíritu. Por esto dijo en Lucas 11:11–13:

> "¿Qué padre de vosotros, si su hijo le pide pan, le dará una piedra? ¿O si pescado, en lugar de pescado, le dará una serpiente? ¿O si le pide un huevo, le dará un escorpión? Pues si vosotros, siendo malos, sabéis dar buenas dádivas a vuestros hijos, ¿cuánto más vuestro Padre celestial dará el Espíritu Santo a los que se lo pidan?"

He conocido cristianos que crecieron en iglesias legalistas. Nunca escucharon el evangelio predicado con amor y misericordia; solo conocían un mensaje de condenación y obligaciones. Creían que Dios estaba enojado con ellos todo el tiempo y se les exigía estar llenos del Espíritu Santo, "¡o si no…!". Este no es el Dios de la Biblia. Jesús nos enseñó que tenemos un Padre compasivo que desea darnos su Espíritu ¡para que podamos conocerlo y experimentar su amor!

En el Evangelio de Juan, aprendemos que el Espíritu Santo es el "Espíritu de verdad" que nos guía, que vive en nosotros y nos habla directo al corazón, de forma personal. Como Él es el Espíritu de verdad, Jesús dijo: "Él os guiará a toda la verdad" (Jn. 16:13). Es reconfortante saber que el Espíritu nos protege de las enseñanzas equivocadas y nos abre los ojos para que entendamos la Biblia. Jesús no predicó a sus seguidores durante tres años y medio para luego dejarlos a la deriva y que tuvieran que nadar con el miedo de hundirse. Él nos dio el Espíritu para que nos ayudara a entenderlo completamente.

Después, en los Hechos de los apóstoles, el Espíritu Santo prometido desciende en su plenitud el día del Pentecostés, y lo vemos como un "Espíritu misionero". Primero, el Espíritu se manifiesta a través del sonido de un viento que sopla y lenguas de fuego aparecen sobre las cabezas de 120 de los primeros discípulos (Hch. 2:1–4). Luego, en Hechos 4:31, vemos que los discípulos son llenos nuevamente con el Espíritu Santo y comienzan a "hablar la Palabra de Dios con denuedo". El libro de Hechos nos muestra que el Espíritu no solo le da a la Iglesia el poder de predicar el evangelio en cada rincón del mundo, sino que confirma el mensaje con señales y prodigios sobrenaturales.

En Romanos, el Espíritu Santo es el "Espíritu de adopción", que entra en nuestros corazones y nos hace tener una conexión y un sentido de pertenencia con el Padre. Este es el Espíritu en nosotros que clama: "¡Abba, Padre!", para que sepamos que somos sus hijos (Ro. 8:15).

En 1 Corintios, el Espíritu Santo es "El que otorga dones sobrenaturales". El apóstol Pablo les explica a sus seguidores que el Espíritu distribuye estos dones, o *Carismata*, como mejor le parece. Y Pablo nos recuerda que nosotros necesitamos estos dones espirituales, no para impresionar a los demás o para exhibirlos a modo de espectáculo, sino para edificar y fortalecer la Iglesia y su misión.

En 2 Corintios, aprendemos que el Espíritu Santo es el "Espíritu de libertad". Él nos libera de las ataduras del pecado y el legalismo para que podamos servirle con regocijo. Pablo anuncia: "Porque el Señor es el Espíritu; y donde está el Espíritu del Señor, allí hay libertad" (2 Co. 3:17).

En Gálatas, se nos habla del "fruto del Espíritu", o las cualidades que el Espíritu Santo está desarrollando constantemente en la vida de todo verdadero creyente. Según Gálatas 5:22–23, estos dones son: amor, gozo, paz, paciencia, [...] y templanza. Un cristiano que esté lleno del Espíritu, exhibe el carácter de Cristo.

En Efesios vemos al Espíritu Santo como el "Espíritu de unidad". La vida cristiana no es solo una relación personal con Dios; también es nuestro deber caminar junto a otros cristianos en íntima hermandad. Es el Espíritu Santo el que une nuestros corazones y convierte a la iglesia en lo que Pablo llama "morada de Dios en el Espíritu" (Ef. 2:22).

En Filipenses, el Espíritu Santo es la "Fuente de gozo verdadero". Las palabras gozo o regocijo son usadas dieciséis veces en esta pequeña epístola, ¡a pesar de que fue escrita desde una celda! El apóstol Pablo nos muestra que cuando el Espíritu habita en nosotros, somos capaces de experimentar el verdadero gozo, independientemente de las circunstancias. Él escribió: "En esto me gozo, y me gozaré aún. Porque sé que por vuestra oración y la suministración del Espíritu de Jesucristo, esto resultará en mi liberación" (Flp. 1:18–19). Fue gracias al gozo sustentador del Espíritu Santo que Pablo pudo soportar las dificultades que enfrentó. Ese poder sobrenatural también puede ser nuestro.

En Colosenses, se nos recuerda que el amor que compartimos con los demás miembros de la iglesia es un don del Espíritu Santo. Él es nombrado el "Espíritu de amor" (Col. 1:18).

En 1 Tesalonicenses, aprendemos que el Espíritu Santo es "un fuego que no puede ser extinguido" por nuestra desobediencia y carnalidad. Pablo nos advierte: "No apaguéis el Espíritu" (1 Tes. 5:19).

En 2 Tesalonicenses, el Espíritu Santo es el "Santificador". La salvación no es solo el comienzo de nuestro viaje milagroso con Dios. El Espíritu trabaja en nuestras vidas diariamente, momento a momento, para hacernos a la imagen de Cristo. Pablo escribió: "Dios os haya escogido desde el principio para salvación, mediante la santificación por el Espíritu y la fe en la verdad" (2 Tes. 2:13).

En 1 Timoteo, vemos que el Espíritu Santo *advierte a la iglesia* sobre el peligro espiritual. Pablo dijo: "Pero el Espíritu dice claramente que en los postreros tiempos algunos apostatarán de la fe" (1 Tim. 4:1). El Espíritu siempre le habla a su pueblo, y bien hacemos si le prestamos atención a sus advertencias.

En 2 Timoteo, el Espíritu Santo es el "Espíritu de valentía". Pablo le recuerda a Timoteo, su hijo espiritual, que "no nos ha dado Dios espíritu de cobardía, sino de poder, de amor y de dominio propio" (2 Tim. 1:7). ¡El Espíritu transforma a los tímidos en valientes guerreros!

En Tito, vemos al Espíritu Santo como el "Renovador". Pablo

le dijo a su hijo en la fe: "Nos salvó, no por obras de justicia que nosotros hubiéramos hecho, sino por su misericordia, por el lavamiento de la regeneración y por la renovación en el Espíritu Santo" (Tit. 3:5). La Palabra griega traducida acá como renovación, *anakainōsis*, significa: "Un cambio completo para mejor".[5] ¡Qué gran alivio saber que no tenemos que cambiar por nosotros mismos, sino que el Espíritu lo hace por nosotros!

Aunque el Espíritu Santo no es mencionado específicamente en la breve Epístola a Filemón, podemos ver que se revela como "el que libera a los cautivos". Pablo le envió esta breve carta a un dueño de esclavos para pedirle la liberación de Onésimo, quien había entregado su vida a Cristo a través del ministerio de Pablo. Pablo ya no veía a este valioso ser humano como un esclavo, sino como un "hermano amado" (Flp. 1:16), y le suplicó a Filemón que lo liberara. Cuando una persona experimenta la salvación, el Espíritu rompe todas las cadenas del pecado y le otorga una libertad indiscutible.

El libro de Hebreos fue dirigido a un grupo de cristianos judíos que pensaba abandonar la fe cristiana. El autor nos advierte que, aunque ahora tenemos acceso al perdón de Cristo, nunca debemos darle la espalda intencionalmente, no sea que ofendamos y blasfememos contra el Espíritu. En Hebreos 10:29, el Espíritu Santo es llamado "Espíritu de gracia". Él nos brinda gracia y misericordia en este lado de la eternidad, pero siempre debemos actuar en el temor del Señor, no sea que pensemos que podemos vivir conscientemente en pecado y seguir siendo seguidores de Cristo.

En Santiago vemos al Espíritu Santo como el "Espíritu de sabiduría". Esta epístola, que fue escrita por uno de los hermanos de Jesús, tiene similitudes al libro de Proverbios, porque contiene reflexiones breves sobre diversos temas. Santiago nos recuerda que le podemos pedir a Dios de su sabiduría divina (1:5), que solo proviene del Espíritu.

En 1 Pedro y 2 Pedro, vemos al Espíritu Santo como "el que inspira las Escrituras". ¿Alguna vez se ha preguntado cómo los cuarenta escritores de la Biblia recibieron sus mensajes divinos? Pedro dice que el "Espíritu de Cristo" estaba en el interior de quienes escribieron el Antiguo Testamento (1 P. 1:11).

En las tres Epístolas de Juan, vemos al Espíritu Santo como el "Testigo de Jesús". El Espíritu Santo nunca dice o hace nada que contraríe a Cristo. Juan dijo: "En esto conoced el Espíritu de Dios: todo espíritu que confiesa que Jesucristo ha venido en carne, es de Dios" (1 Jn. 4:2).

En Judas, el Espíritu se revela como el "Maestro de verdad". Vemos lo que ocurre cuando los que claman conocer a Jesús se alejan de Él para enseñar falsas doctrinas. Judas dice que estos herejes, que predican un falso evangelio, son los "que no tienen al Espíritu" (Jud. 1:19). ¡Esto es aterrador! Jamás escuchemos a un predicador ni nos unamos a un ministerio en el cual no se honre al Espíritu, y cuyos líderes no crean o enseñen que la Biblia es la Palabra inspirada de Dios. Una fe sin el Espíritu Santo, es mortal.

Finalmente, en Apocalipsis, vemos al Espíritu Santo como el "Espíritu de profecía". ¡El Espíritu que habla a su iglesia! En la primera parte de la visión de Juan, el Espíritu Santo le da un mensaje claro y específico a cada una de las siete iglesias del Asia Menor. Luego escuchamos que hace un llamado en el último capítulo: "Y el Espíritu y la esposa dicen: Ven" (Ap. 22:17). Esta es la última referencia del Espíritu Santo en la Biblia, y es un recordatorio de que Él le sigue hablando a la iglesia hoy. Debemos poner atención y escucharlo.

Como podemos ver, en el Nuevo Testamento el Espíritu Santo no está relegado a un rincón. Por el contrario, atiborra las páginas de la Biblia. Así como el aceite de la unción llenaba el tabernáculo con su fragancia, el dulce aroma del Espíritu Santo llena la Palabra de Dios, independientemente de la parte que leamos. Cuando lo encontremos, Él siempre nos conducirá al Hijo. El Espíritu quiere que conozcamos a Jesús.

Meditemos en esto

1. Juan 16:14–15 dice que el Espíritu Santo glorifica a Jesús. ¿Qué significa esto para usted?

2. ¿Cómo podemos saber si un predicador, iglesia o reunión de avivamiento es una manifestación verdadera del Espíritu Santo? ¿Alrededor de qué debe girar todo?

3. El Espíritu Santo es mencionado muchas más veces en el Nuevo que en el Antiguo Testamento. ¿En qué se diferencia la forma de operar del Espíritu Santo en el Antiguo Testamento?

4. Él se revela de muchas maneras en el Nuevo Testamento. Describa una ocasión en la que el Espíritu Santo obró en su vida. ¿Cómo se reveló para usted?

UNA ORACIÓN PELIGROSA

Espíritu Santo, es un verdadero milagro que habites en mí. Gracias por la bendición del Nuevo Pacto. Vives en mí, puedo sentir tu presencia y tu dirección en mi vida cada día. Puedo experimentar tu consuelo cada vez que estoy luchando con un problema personal y tú estás allí para ministrarme. Espíritu Santo, tú eres el aceite de unción valioso que Jesús derramó sobre todos sus sacerdotes. Gracias por permitirme ser tu sacerdote, no solo para ministrarte, sino para alcanzar a un mundo lleno de pecado y necesitado de tu amor.

Te pido que me unjas hoy con tu aceite. Pero no quiero que sea solo una gota. ¡Unge mi cabeza con tu aceite y deja que corra por todo mí ser! Quiero el poder del Espíritu, pero también quiero que la fragancia del mismísimo Cristo llene mi vida. Lléname para que yo pueda llevar el aroma de Cristo a toda persona que me encuentre.

Capítulo cuatro
EL ESPÍRITU SANTO ES MULTIFUNCIONAL
Las siete funciones del Espíritu Santo

Es la voluntad de Dios que cada uno de sus hijos viva bajo el control total y constante del Espíritu Santo. Si un cristiano, o una iglesia no están llenos del Espíritu, es absolutamente imposible que puedan vivir o actuar según los deseos de Dios [...]. No podremos ser llenos del Espíritu a menos que estemos preparados para renunciar a nosotros mismos y aceptar la dirección del Señor Jesús, a fin de abandonar y sacrificar todo por esta perla de gran precio.[1]
—ANDREW MURRAY (1828–1917)
EVANGELISTA SUDAFRICANO

H ACE UNOS AÑOS, dos famosos oradores cristianos subieron a un escenario e intentaron demostrar el poder del Espíritu Santo de una manera poco ortodoxa. Uno de los sujetos fingió lanzarle una "bola de fuego" imaginaria, que supuestamente era el poder del Espíritu, a su amigo, quien cayó al suelo al ser golpeado por la unción divina. Luego, con la misma actitud bromista, el sujeto que estaba en el suelo se levantó y le devolvió la "bola de fuego" a su amigo, quien también cayó después que la bola de Dios lo golpeara.

Todos los presentes se divirtieron con esta extravagante representación. El público reía. Pero había un problema. El Espíritu Santo no es una masa amorfa, una bola de fuego o cualquier otra forma de energía cósmica que se pueda lanzar, controlar o manipular. No es una fuerza innata, ni algo impersonal. Aunque en las Escrituras se le haya comparado con el viento, el fuego y el aceite, no significa que tenemos la libertad de caracterizarlo como algo inanimado. Cuando lo hacemos, demostramos desconocimiento de las Escrituras e irrespeto hacia Dios. Y cuando lo hacemos en la plataforma de una iglesia, le transmitimos al pueblo de Dios una teología muy equivocada.

Este espectáculo ocurrió en una iglesia carismática, un lugar donde supuestamente se honra y se comprende el ministerio del Espíritu Santo. Es triste que muchos de nosotros, que tenemos la etiqueta de carismáticos o pentecostales, hayamos olvidado lo que las Escrituras enseñan sobre la tercera persona de la Trinidad. Necesitamos retroceder, reagruparnos y reconsiderar lo que dice la Biblia sobre el Espíritu Santo y su forma de obrar. Esta se ha convertido en mi pasión personal. El Espíritu es demasiado importante y valioso como para que lo representemos mal.

He aprendido que la mejor manera de entender quién es el Espíritu Santo, es descubriendo lo que hace por nosotros. ¡Y hace mucho! Es, de hecho, asombrosamente multifuncional. Puede hacer muchas cosas a la vez y todavía tiene energía para hacer más. Después de todo, ¡Él es Dios!

Cuando pienso en los diferentes roles que el Espíritu Santo tiene en nuestras vidas, recuerdo que el apóstol Juan afirmó que el Espíritu Santo era de naturaleza séptuple:

> "Juan, a las siete iglesias que están en Asia: Gracia y paz a vosotros, del que es y que era y que ha de venir, *y de los siete espíritus que están delante de su trono*; y de Jesucristo el testigo fiel, el primogénito de los muertos, y el soberano de los reyes de la tierra. Al que nos amó, y nos lavó de nuestros pecados con su sangre".
> —Apocalipsis 1:4–5, itálicas añadidas

¿*Siete* espíritus? Ya es bastante difícil tratar de comprender a un Dios trino, ¿y ahora nos están diciendo que el Espíritu Santo está compuesto de *siete* espíritus? Una vez más, debemos recordar que la dimensión de Dios no es como la nuestra y que nuestras mentes limitadas no pueden comprender su vastedad. Este versículo no dice que hay siete Espíritus Santos, sino un solo Espíritu que tiene siete dimensiones, así como un motor es una sola entidad, pero tiene cuatro, seis u ocho cilindros. En la Biblia, el número siete siempre significa totalidad o plenitud, así que podemos deducir que el Espíritu Santo tiene una capacidad ilimitada y una perfección incomprensible. Esta referencia a un Espíritu séptuple nos remite a la profecía de Zacarías, el cual tuvo una visión del Espíritu Santo personificado como un candelabro de siete brazos (Zac. 4:2). Este candelabro, que también era una representación del Lugar Santo en el tabernáculo, tenía siete llamas que se encendían con aceite de oliva. Dios le dijo a Moisés en Éxodo 25:31–40 que fabricara este candelabro de oro puro y que le pusiera siete llamas. Actualmente, los judíos denominan *menorá* a este candelabro.[2] Pero en los tiempos de Moisés, se solía colocar en la tienda de Dios para representar la presencia del Espíritu Santo. El hecho de que el Espíritu Santo es uno y siete al mismo tiempo, nos recuerda que Él es todo para nosotros y que su poder milagroso, su sabiduría, su consejo, su guía y su consuelo, ¡nunca tendrán fin!

Cuando Juan describió al Espíritu Santo como "siete espíritus", no estaba revelando ninguna doctrina misteriosa. Simplemente estaba tratando de convencer, dentro de las limitaciones del lenguaje humano, la absoluta grandeza del poder y la misión del Espíritu. El Espíritu no es solamente un fuego, ¡es siete fuegos! No es solo una luz, ¡es siete luces! No es solamente aquel que habita dentro de nosotros, ¡es aquel que nos llena y nos rebosa hasta convertirse en un río de poder en nuestro interior! Él es más de lo que podamos imaginar. Siempre supera nuestras expectativas. No le falta nada. Y nos ofrece una plenitud inimaginable.

Hoy en día, a la gente le gusta seguir la trayectoria de las personas talentosas. Convertimos a las estrellas de cine en celebridades por sus actuaciones; apoyamos a los deportistas y celebramos cuando rompen récords; compramos los álbumes de nuestros artistas favoritos. Pero la mayoría de la gente que es extremadamente talentosa, con frecuencia destaca solamente en una disciplina.

Tom Hanks, por ejemplo, es un actor ganador del Oscar, pero

nunca ha ganado ningún premio por escribir libros. Aretha Franklin, la cantante de *rhythm and blues*, tiene una de las voces más admiradas del mundo artístico, pero nunca ha llevado a un equipo de baloncesto a ganar un campeonato nacional. Steve Jobs fue reconocido por inventar la computadora Apple, pero nunca tuvo una canción en la cartelera musical de los Billboard. Pero, ¿se puede imaginar a una celebridad que cante ópera, toque el piano, hable trescientos idiomas, baile, invente nuevas tecnologías, corra más rápido que cualquier ser humano, actúe en dramas y comedias, escriba códigos de computación, resuelva problemas matemáticos complejos, gane concursos de poesía, levante trescientas libras en el gimnasio, dirija una compañía que esté incluida en la lista de *Fortune 500*, y diseñe rascacielos? Podríamos decir que una persona así es un superhéroe. ¡Y ni siquiera los superhéroes de los cómics han tenido jamás todas esas habilidades!

Pero el Espíritu Santo puede hacer todo eso. Él es el Espíritu de Dios. Tiene poder y sabiduría ilimitados, pero desciende a vivir voluntariamente dentro de toda persona que crea en Jesucristo. Y eso significa que tenemos acceso a su asombroso poder. Cuando reflexiono en la obra del Espíritu Santo en las Escrituras y en mi propia vida, identifico siete funciones distintas que Él desempeña.

El Espíritu Santo es nuestro Regenerador

Jesús le dijo a Nicodemo que debemos nacer de nuevo en el Espíritu Santo. "De cierto, de cierto te digo", dijo Jesús en Juan 3:5, "que el que no naciere de agua y del Espíritu, no puede entrar en el reino de Dios". La conversión verdadera es la cosa más sobrenatural que vamos a experimentar jamás. Cuando ponemos nuestra fe en Cristo para nuestra salvación, es el Espíritu el que nos abre el corazón y nos imparte vida divina. Luego mora dentro de nosotros, dándonos la confianza de saber que ahora somos hijos de Dios. Ninguno de nosotros sería cristiano hoy en día si no fuera por el poder regenerador del Espíritu.

Y si alguna vez hemos ayudado a alguien a creer en Cristo, en verdad sabemos que ese es el milagro más asombroso que Dios puede realizar. Si estamos orando para que alguien se arrepienta y entregue su corazón a Jesús, no minimicemos el papel que juega el Espíritu Santo en este proceso.

¿Cómo ocurre este milagro? Normalmente les decimos a los nuevos cristianos que Jesús entró en sus corazones en el momento en el que se arrepintieron de sus pecados. Pero, una vez más, nuestro lenguaje limita la grandeza de la conversión verdadera. Cuando el Espíritu Santo entra en la vida de un creyente arrepentido, ¡literalmente le da aliento de vida al que estaba muerto! Así como los huesos secos que vio el profeta Ezequiel, que se levantaron del suelo, regeneraron su carne y volvieron a respirar (Ez. 37), aquellos que están muertos en el pecado resucitan a una nueva vida cuando creen en Jesucristo por primera vez.

Jamás olvidemos el gran poder de la conversión. De todas las manifestaciones del Espíritu Santo que están disponibles para nosotros, la conversión es la más valiosa y la más poderosa. Nunca minimicemos el poder que tiene el Espíritu Santo para transformar a un pecador.

El Espíritu Santo nos fortalece

Jesús les dijo a sus primeros seguidores que cuando fueran bautizados en el Espíritu Santo serían "investidos de poder desde lo alto" (Lc. 24:49). Esto sonaba como algo estrepitoso y turbulento, ¡algo que sacudiría al mundo! A donde sea que vaya el Espíritu, cambia radicalmente a las personas. Les da el poder de predicar con valentía, sanar enfermos e incluso levantar muertos.

Cientos de años antes de que el Espíritu Santo fuera derramado sobre la primera iglesia en el día del Pentecostés, Ezequiel el profeta del Antiguo Testamento, recién ungido como sacerdote, tuvo una visión de cómo Dios enviaría al Espíritu Santo para fortalecer a su pueblo. Esta visión le llegó como una película a color, en la que aparecía un viento de tormenta, una nube que resplandecía con fuego, relámpagos y extraños querubines de cuatro caras que estaban fortificados con la energía divina de Dios.

Ezequiel dijo sobre estas criaturas divinas:

> "Cuanto a la semejanza de los seres vivientes, su aspecto era como de carbones de fuego encendidos, como visión de hachones encendidos que andaba entre los seres vivientes; y el fuego resplandecía, y del fuego salían relámpagos. Y los seres vivientes corrían y volvían a semejanza de relámpagos".
>
> —Ezequiel 1:13–14

Ezequiel también tuvo una visión en primer plano de estas criaturas angelicales. Cada una tenía cuatro rostros y cuatro alas. Sus pies, que parecían pezuñas de ternero, brillaban como el bronce (Ez. 1:7). Estas fantásticas criaturas tenían los rostros de un león, un toro, un águila y un hombre. Parece algo que veríamos en el canal SyFy, o en una novela de J. R. R. Tolkien; pero esto está en la Biblia. Es una visión prepentecostal del Pentecostés.

La criatura viviente que vio Ezequiel tenía cara de hombre. Esto representa la naturaleza humana. Todos somos vasijas de arcilla frágiles, y siempre tendremos que lidiar con los defectos, las tentaciones y las debilidades. Pero la criatura también tenía los rostros de tres animales poderosos. Esto significa, para nosotros, que cuando estamos llenos del Espíritu Santo de Dios, Él compartirá sus atributos sobrenaturales. Nuestra verdadera naturaleza está llena de un fervor puro y santo.

- El toro representa la fortaleza apostólica. Cuando el aceite del Espíritu nos toca, recibimos un raro e inexplicable poder que nos permite hacer lo que antes no podíamos. Tenemos la capacidad de avanzar en el Espíritu y ganar terreno para el Señor.

- El león representa el arrojo evangélico. Como dice Proverbios 28:1: "Huye el impío sin que nadie lo persiga; mas el justo está confiado como un león". El verdadero cristiano fortalecido en el Espíritu Santo no puede dejar de hablar de Jesús.

• El águila representa la velocidad de los misioneros, así como su fortaleza espiritual. El profeta Isaías entendió esto cuando dijo que aquellos que esperan en el Señor "tendrán nuevas fuerzas; levantarán alas como las águilas; correrán, y no se cansarán; caminarán, y no se fatigarán" (Is. 40:31).

Lo que Dios compartió con Ezequiel fue el milagro del Pentecostés, cuando Dios desde las alturas, revistió de poder a su pueblo. Los primeros discípulos no solo escucharían el sonido de un viento raudo y verían llamas de fuego descendiendo sobre las cabezas de los creyentes, sino que también serían llenos de cualidades incontrolables: una fuerza sobrenatural, un valor feroz, una valentía sorprendente, y una habilidad inusual para percibir el reino invisible de los misterios de Dios.

Cuando digo que el Espíritu Santo es "salvaje", no estoy diciendo que trae desorden o caos. Dios no se mezcla con la confusión. Pero a menudo la Iglesia en Estados Unidos ha tratado de confinar al Espíritu Santo, amordazándolo, constriñéndolo o disparándole con una pistola de dardos tranquilizantes para controlarlo.

Me temo que en algunos casos le hemos rogado a este salvaje Espíritu de Dios que se mantenga lejos de nosotros para poder representar nuestra versión edulcorada de la iglesia, sin interrupciones inesperadas de su parte. Si somos honestos, debemos admitir que la Iglesia se ha vuelto tan débil, tímida y tolerante con el mundo, que ya no nos parecemos a los poderosos cristianos del siglo I, que predicaban el evangelio con valor, hacían milagros, e incluso daban sus vidas en sacrificio para servir a Cristo.

Sin embargo, la promesa para nosotros se mantiene: cualquier cristiano que tenga el valor de invitar al Espíritu a que lo fortalezca, podrá experimentar todas las manifestaciones de poder que ocurrieron en la iglesia primitiva.

El Espíritu Santo es nuestro guía

El Espíritu tiene acceso a toda la sabiduría y el conocimiento de Dios. Cuando permanecemos en Él, nos conduce constantemente a la verdad; haciendo que crezcamos y maduremos espiritualmente. Él es nuestro Maestro (1 Jn. 2:27), y quienes dependan de Él sabrán dónde ir y qué hacer, porque estarán siguiendo a su guía celestial. Romanos 8:14 nos dice: "porque todos los que son guiados por el Espíritu de Dios, estos son hijos de Dios". Si somos hijos de Dios, tenemos acceso a la guía del Espíritu Santo. Y Él es el mejor guía que existe, porque tiene toda la información que necesitamos sobre el pasado, el presente y el futuro.

Yo soy lo suficientemente mayor como para recordar cuando nadie tenía software de GPS instalado en su celular (¡o en cualquier otro artefacto!). Teníamos que tener mapas en la guantera del auto, mapas doblados, ¡hechos de papel! Los utilizábamos para saber cómo llegar a una nueva dirección. Recordando aquellos días en los que teníamos que estudiar mapas (y preguntar direcciones en las estaciones de servicio), me pregunto cómo podíamos encontrar nuestro lugar de destino.

El Espíritu Santo es como nuestro GPS interno, con la diferencia de que Él nunca se confunde, ni nos da información errada. Pero si queremos conocer la guía del Espíritu Santo debemos aprender a distinguir su voz y sus llamados sutiles.

Cuando tenía veinte años, estaba orando por dirección para saber si debía inscribirme en la escuela de postgrado. Una mañana, durante mi devocional, abrí mi Biblia en el Salmo 32:8, y algo llamó mi atención, como un gran aviso de neón que parpadeaba frente a mí. Leí: "*Te haré entender*, y te enseñaré el camino en que debes andar". El Espíritu Santo estaba diciendo que Dios me guiaría; no necesitaba educación adicional. Con esto no quiero decir que la escuela de postgrado sea algo malo; solo que ese no era el plan de Dios para mí en ese momento. Y Dios utilizó las Escrituras para mostrarme claramente qué camino debía tomar.

La Biblia nos promete que el Espíritu Santo nos guiará, pero a muchos cristianos se les hace difícil escuchar su voz. Y en algunas iglesias carismáticas el asunto se complica aún más cuando vemos esta dirección como algo místico o extraño; como si significara que tenemos que escuchar una voz del cielo que sabe qué color de camiseta debemos utilizar. Hace años, el escritor Henry Blackaby me enseñó que hay cuatro maneras diferentes de recibir orientación divina.[3]

Podemos escuchar la voz de Dios mediante la lectura de la Biblia.

Mis amigos a veces se quejan y me dicen: "Nunca escucho la voz de Dios", pero cuando les pregunto si leen la Biblia habitualmente, me responden que están demasiado ocupados. Dios luchó fuertemente para formar la Biblia, ¡pero las Biblias se llenan de polvo en los estantes porque las personas están demasiado ocupadas para leer el mensaje más directo de Dios para el planeta Tierra!

Cuando leemos las Escrituras con un espíritu de oración, Dios puede hacer que un versículo nos llame la atención, como un mensaje directo para nosotros. El predicador británico Charles Spurgeon reconoció esto, cuando escribió: "Cuando tengo problemas, lo que hago es leer la Biblia hasta que un texto me llama poderosamente la atención, como diciendo 'he sido escrito especialmente para ti'".[4] Debemos esperar a que Dios nos hable directamente desde las Escrituras.

Podemos escuchar la voz de Dios a través de la inspiración sobrenatural del Espíritu Santo.

El Espíritu Santo no es una presencia fantasmal que anda rondando por ahí. Él habita en nosotros, y nos habla de forma activa. Esto puede ocurrir de muchas maneras: a través de sueños, visiones, advertencias, corazonadas, o con mayor frecuencia, a través de lo que conocemos como la "voz apacible y delicada" del Espíritu (1 R. 19:12, jbs). Yo he tenido sueños proféticos y visiones a lo largo de los años, pero la manera más frecuente en la que el Espíritu me habla es a través de una profunda sensación de convicción interna.

Nunca olvidaré una vez en 1985, cuando Dios me habló en Florida, mientras estaba conduciendo. Un mensaje silencioso llegó a mi espíritu: "Te mudarás a Washington, D. C". Esto llegó de repente.

Sabía que no lo había dicho yo. Cuatro años después me ofrecieron un puesto en Washington, y trabajé allí durante tres años.

La habilidad de escuchar la voz del Espíritu se desarrolla con los años, a medida que crecemos en Cristo. Si realmente queremos escucharlo, debemos pedirle que nos llene con su Espíritu. Mientras más permitamos que la presencia y el poder del Espíritu llenen nuestra vida, más renunciaremos a nuestros horarios egoístas y hábitos pecaminosos para que Dios pueda comunicarse sin ningún impedimento.

Podemos escuchar la voz de Dios a través de los demás.

Dios puede hablarnos a través del sermón de un pastor, el consejo sabio de un amigo, el regaño de una madre, la llamada telefónica de un mentor o una palabra profética que recibamos de alguno de los siervos que están llenos del Espíritu.

Podemos escuchar la voz de Dios a través de las circunstancias.

No todo lo que nos pasa en la vida es por voluntad de Dios. Pero Dios es soberano y tiene poder sobre la naturaleza, los líderes gubernamentales, y todos los detalles de nuestra vida. Él abre puertas que nadie puede cerrar. Si hemos estado orando para conseguir trabajo en una empresa, y de pronto nos llega una oferta de trabajo de una compañía diferente, esto puede ser una señal de que Dios tiene un mejor lugar de trabajo para nosotros.

Pidámosle a Dios que ajuste nuestros oídos para que podamos escuchar su voz con buena disposición. Esto no es complicado cuando deseamos escuchar la voz del Espíritu sinceramente.

EL ESPÍRITU SANTO ES NUESTRO CONCILIADOR

El libro de Hechos nos dice que después de que los primeros discípulos fueron bautizados en el Espíritu Santo "perseveraban en la doctrina de los apóstoles, en la *comunión* unos con otros, en el partimiento del pan y en las oraciones" (Hch. 2:42, itálicas añadidas). La palabra griega traducida como "comunión", *koinonia*, aparece en la Biblia por primera vez aquí y luego es utilizada diecinueve veces más a lo largo del Nuevo Testamento.

Koinonia, que también se puede traducir como "sociedad", es una gracia sobrenatural que hace que los cristianos se amen profundamente unos a otros. Esto no era posible antes del Pentecostés, porque es una manifestación del Espíritu Santo que vive en nosotros. Así como el poder *dunamis* del Espíritu nos permite sanar a los enfermos o hacer milagros, su *koinonia* enlaza nuestros corazones y nos une.

Después del derramamiento del Espíritu de Hechos capítulo 2, la *koinonia* ocasionó que los primeros discípulos compartieran sus posesiones de forma desinteresada (vv. 44–45), al igual que sus alimentos (v. 46). Muchos decidieron convertirse en cristianos cuando presenciaron esa comunión amorosa (v. 47). La *koinonia* era un componente fundamental en la Iglesia del Nuevo Testamento. Esto fue lo que conectó y convirtió en un equipo a Pablo, Timoteo, Lucas, Tito, y Priscila y Aquila. Fue lo que mantuvo juntos a los primeros cristianos en medio de la persecución, y lo que hizo que entregaran sus vidas por los demás.

Nosotros necesitamos recibir las enseñanzas que recibieron los apóstoles en Hechos 2:42, por supuesto, pero sin la *koinonia* que se menciona en ese mismo versículo, esta enseñanza podría volverse seca y fría. La Iglesia debería parecerse más a una sala familiar que a un salón de clases. Solo a través del Espíritu Santo podemos tener una relación profunda que una nuestras almas, como les ocurrió a los primeros discípulos en el libro de Hechos. Necesitamos el poder del amor, ¡y esto solo se obtiene a través del Espíritu Santo!

Al menos una vez al año predico en Casa del Padre, una iglesia en crecimiento que se encuentra cerca de San Juan, Puerto Rico. Los miembros se congregan en un recinto alquilado, con piso de baldosas y sillas plegables. Cuando visité la iglesia por primera vez, se reunían en un local comercial. Para entonces no tenían líder de adoración, por lo que los cantos se hacían al son de un reproductor de CD. El pastor, un hombre muy amable llamado Luis (que desde entonces se convirtió en uno de mis mejores amigos), tenía un segundo empleo para poder pagar las cuentas de su familia. Cuando lo conocí, la oficina de la iglesia estaba en el garaje de su casa.

Casa del Padre no es un sitio lujoso. Pero la falta de sofisticación de la iglesia es opacada por un asombroso nivel de amor. Cuando ministré allí por primera vez, un domingo en la mañana del año 2010, la programación empezó a las diez y media de la mañana. No pude abandonar el recinto sino hasta las cinco de la tarde. No porque mi prédica fue demasiado larga, ¡era que nadie quería irse!

Tal vez se sienta tentado a decir: "los puertorriqueños son así". Es verdad que a los puertorriqueños les gusta la fiesta, pero esa comunión auténtica que experimenté en San Juan no puede ser reducida a una mera expresión de la cultura latina. No. Esta iglesia puertorriqueña entiende un secreto bíblico que muchos hemos olvidado: el cristianismo es la única religión del mundo que conecta a sus seguidores, de forma invisible, con un afecto sobrenatural. Nos hace sentir como una familia. Nuestro amor por el otro, si en verdad viene del Espíritu, sobrepasa todos los límites de raza, género, edad y clases sociales. Nos motiva a orar por los demás, soportar sus cargas y ofrecer nuestras vidas por las de nuestros semejantes.

Debemos volver a la *koinonia*, pero no podemos descargarla de la internet o falsificarla. Debemos eliminar tanta parafernalia de la Iglesia si queremos experimentar la cristiandad del libro de Hechos. Debemos invitar al Espíritu Santo a que nos conecte con nuestros hermanos y hermanas en Cristo con su vínculo sobrenatural.

El Espíritu Santo es nuestro Intercesor

Este es uno de los milagros más grandes de la gracia. El apóstol Pablo nos dijo que el Espíritu Santo, que habita dentro de nosotros, "intercede por nosotros con gemidos indecibles" (Ro. 8:26). Incluso cuando no sabemos orar, el Espíritu ora según la voluntad perfecta de Dios. No importa qué clase de dificultad enfrentemos, el Espíritu trabaja por nosotros hasta que podamos salir sanos y salvos de la prueba.

¿Alguna vez ha "gemido" en oración? La mayoría de nosotros sabe lo que se siente. Tal vez no nos sentimos llenos de fe cuando ponemos nuestros anhelos más profundos ante Dios. Quizás estamos atravesando una prueba difícil y no nos sentimos muy espirituales. Tal vez ni siquiera podemos reunir fuerzas para orar media hora. Nuestras oraciones tal vez son una seguidilla de frases cortas, como: "¡Dios, ayúdame!", o "Señor, no sé por cuánto tiempo pueda soportarlo".

Pero, según la Biblia, este tipo de oración es poderosa. Lo único que tenemos que hacer es leer los salmos del rey David para saber que Dios escucha oraciones, como: "Jehová Dios mío, a ti clamé" (Sal. 30:2). Y lo más reconfortante es que cuando nos sentimos frustrados en la oración o no sabemos qué decir, el Espíritu está orando dentro de nosotros, en un nivel más profundo, ¡y Él sabe cómo orar! Esa es la premisa de Romanos 8:26.

He asistido a muchos seminarios de oración y a cientos de concentraciones para orar. La oración pública es poderosa. Pero en nuestra oración privada no necesitamos ser elocuentes ni ordenados. Con frecuencia oramos de forma desordenada, tensa y "sangrienta". Después de todo, la oración ha sido comparada con el nacimiento de un bebé. El Espíritu gime y, con frecuencia, nosotros también. La oración es una lucha, porque es el proceso de alumbrar la santa voluntad de Dios del Reino celestial a nuestra situación terrenal. Esto requiere fe, al igual que paciencia, porque nuestras oraciones normalmente no son respondidas de inmediato. Esperar por una respuesta es difícil. Es por eso que necesitamos con desesperación la ayuda del Espíritu Santo.

Al igual que el nacimiento de un niño, la plenitud de las promesas de Dios requiere de un proceso de gestación, un agotador período de espera. La mayoría de los personajes bíblicos que clamaron por grandes promesas no las obtuvieron de forma instantánea, como salidas del microondas. Ese fue el caso de Ana, que no podía tener hijos; Abraham, que no tenía herederos; o Pablo, que estaba encarcelado. Ellos se obligaron a ser pacientes. Y luego tuvieron que esperar un poco más.

En el reino animal, las criaturas más grandes son las que con frecuencia tienen los períodos de gestación más largos. Un ballenato está dieciocho meses en el vientre de su madre; una jirafa bebé espera quince meses. ¡Algunas especies de elefantes duran dos años embarazadas! Eso nos dice que si estamos gestando una gran promesa, debemos estar preparados para esperar.

Yo debería entender este proceso, pues vi a mi esposa dar a luz a nuestras cuatro hijas. Qué rápido olvidamos cuando la Biblia compara la oración con el alumbramiento de un hijo. Y durante este doloroso proceso de intercesión, debemos atravesar un mar de dudas, y aferrarnos a la promesa de Dios, especialmente cuando sentimos que queremos rendirnos.

Muchos nos encontramos en la etapa más intensa del proceso de alumbramiento, la fase de transición. Al momento de dar a luz, la mujer se siente confundida, irritable y agitada. Hemos tenido sentimientos de desesperación similares en nuestro camino a la fe. Nos preguntamos: "¿En verdad Dios me prometió esto?". Todo nuestro ser nos dice: deja de creer.

Es así como funciona el proceso de ser pacientes, y tenemos al Espíritu Santo para ayudarnos a soportar los dolores de parto. Él ora con gemidos indecibles hasta que la fe da a luz la respuesta que hemos estado esperando.

EL ESPÍRITU SANTO ES NUESTRO CONSOLADOR

Antes de ir a la cruz, Jesús pasó mucho tiempo con sus discípulos, y abrió su corazón para compartir muchas cosas con ellos. Durante las últimas horas con sus seguidores más cercanos, a quienes llamaba amigos, habló muchísimo sobre el Espíritu Santo. Él quería que sus discípulos supieran que no iban a estar solos, ni siquiera después de que se fuera. Jesús les dijo en Juan 14:16–18:

> "Y yo rogaré al Padre, y os dará otro Consolador, para que esté con vosotros para siempre: el Espíritu de verdad, al cual el mundo no puede recibir, porque no le ve, ni le conoce; pero vosotros le conocéis, porque mora con vosotros, y estará en vosotros. No os dejaré huérfanos; vendré a vosotros".

Estoy seguro de que Santiago, Juan, Pedro y los demás no querían escuchar estas palabras. "¿Jesús se va?", pensaron. Esas eran malas noticias. Lo habían acompañado constantemente durante tres años y medio: comían juntos, atravesaban los polvorientos caminos de

Galilea juntos, pescaban juntos, veían sus impresionantes milagros y tenían un asiento en primera fila cada vez que Él enseñaba sobre las Escrituras. ¡Ahora iba a marcharse! De nuevo, Él mencionó su partida en Juan 16:7:

> "Pero yo os digo la verdad: os conviene que yo me vaya; porque si no me fuera, el Consolador no vendría a vosotros; mas si me fuere, os lo enviaré".

Pongámonos en los zapatos de los discípulos. Aunque Jesús les había dicho que les "convenía" que Él se marchara, no creo que le hayan creído. ¿Qué puede ser mejor que tener a un Jesús, de carne y hueso a nuestro lado, todos los días? ¿Y quién es ese "ayudante" del que Jesús habla tanto? Dudo mucho que alguno de los primeros seguidores de Jesús estuviera impresionado con sus promesas.

Pero al final, Jesús se marchó. Fue ejecutado cruelmente en una cruz y su cuerpo maltratado fue colocado en una oscura tumba. Lo discípulos huyeron aterrorizados de los romanos y los judíos, olvidando rápidamente la promesa de Jesús y la presencia permanente de su Ayudante. Solo Juan y las mujeres que habían seguido a Jesús tuvieron suficiente valor para acercarse al pie de la cruz. Más tarde, un acongojado Pedro reunió fuerzas suficientes para visitar la tumba vacía, en compañía de Juan.

Entonces Jesús, después de su resurrección, apareció ante sus abatidos discípulos cuando estaban reunidos en una casa a puertas cerradas. Después de mostrarles los agujeros de sus manos y la herida en su costado, sopló y les dijo: "Recibid el Espíritu Santo" (Jn. 20:22). A menudo pensamos que el Espíritu apareció por primera vez el día del Pentecostés, pero esa experiencia fue el segundo encuentro que los discípulos tuvieron con el Espíritu. La primera vez fue la tarde del domingo de la resurrección. El ayudante había venido, ¡tal como Jesús lo había prometido!

Es sumamente peculiar la manera en que Jesús le impartió el Espíritu Santo a sus seguidores. Sopló. Seguramente, cuando Juan escribió estas palabras inspiradas, las consideró una referencia a la creación de Adán en el Jardín del Edén. Donde se dice: "Entonces Jehová Dios formó al hombre del polvo de la tierra, y sopló en su nariz aliento de vida" (Gn. 2:7).

En Juan 20:22, la palabra griega que se traduce como sopló es *emfysao*. Es la única vez que esta palabra aparece en el Nuevo Testamento. Es interesante notar que cuando los griegos tradujeron el Antiguo Testamento del hebreo, utilizaron la misma palabra que se usó para *sopló* en Génesis 2:7. Esto nos recuerda que así como Dios le dio a Adán el regalo original de la vida, nos da una nueva vida sobrenatural con la entrada del Espíritu Santo.

¿Alguna vez ha estado cerca de un desconocido y ha podido sentir la presencia de Dios en él? Muchas veces he conocido individuos en la calle o en un restaurante, e inmediatamente he notado que son cristianos. No porque estuvieran luciendo una cruz, ni porque hayan dicho "¡Gloria a Dios!", sino simplemente porque la luz de la presencia del Espíritu Santo era evidente en esas personas. Esto es un verdadero milagro.

La palabra *Ayudante* que Jesús utilizó para describir al Espíritu, también se traduce como "Abogado" o "Consolador". La palabra griega *Paraklétos* significa "aquel que es invocado para ayudar".[5] Esto quiere decir que el Espíritu viene a defendernos cuando se nos acusa de algo o cuando estamos en problemas. También significa que Él es un amigo cercano que nos ofrece aliento, consuelo y dirección cuando enfrentamos alguna dificultad.

Se nos ha dado un regalo asombroso. Cuando el Espíritu desciende a habitar en nosotros, trae la vida eterna de Dios. Nos da el verdadero aliento del cielo. Nos llena con la presencia de Dios. Y más que eso, establece residencia eterna en nosotros para que nunca nos sintamos solos. Los cristianos pueden sentir, literalmente, la presencia del Espíritu Santo dentro de ellos, y cuanto más crecemos en nuestra fe, más podemos aprender a escuchar su voz reconfortante.

Yo he aprendido a apreciar la presencia del Espíritu cuando me ha tocado atravesar momentos difíciles, pruebas, desaliento o luchas. El Espíritu me sostiene con fuerza y esperanza sobrenaturales. Cuando siento dolor, el Espíritu me anima; cuando soy maltratado o perseguido, Él me da el maravilloso poder para soportar; cuando soy acusado de malinterpretar algo, Él pelea la batalla por mí; cuando cometo un error y quiero flagelarme yo mismo, Él levanta mi rostro, me corrige con amor, y me da ánimo; cuando estoy desesperado, Él me recuerda las promesas de Dios. Y quiere hacer lo mismo por usted.

EL ESPÍRITU SANTO ES NUESTRO PURIFICADOR

Cuando el Espíritu descendió sobre los 120 discípulos en el aposento alto en el día del Pentecostés, se manifestó principalmente de dos formas: (1) el sonido de un fuerte viento y (2) las lenguas de fuego que milagrosamente aparecieron sobre la cabeza de cada persona. No conocemos exactamente la naturaleza de este fuego. ¡Obviamente no fue fuego físico porque se le habría quemado el cabello a todo el mundo! Fue algo más parecido a una manifestación visual de la presencia del Espíritu. Pero, sin lugar a dudas, este fuego también representa para nosotros la santidad de Dios.

Antes de que Juan el Bautista fuera decapitado, profetizó que Dios investiría de poder a su Iglesia. Anunció que Jesucristo le daría a su Iglesia una porción doble de su Espíritu. Juan dijo: "Él [Jesús] os bautizará en Espíritu Santo *y* fuego" (Mt. 3:11, itálicas añadidas). Cuando llegó el día de Pentecostés, por supuesto, tanto el viento como el fuego se evidenciaron. El verdadero Pentecostés contiene ambos.

Hemos conocido este viento desde que el movimiento carismático comenzó a traer renovación a la Iglesia, es decir, durante los últimos cincuenta años. Hemos tenido "tiempos de refrescamiento" en la presencia renovadora del Espíritu Santo. Hemos disfrutando su sanidad, hemos aprendido sobre los dones del Espíritu, hemos clamado su prosperidad y hemos recibido su poder sobrenatural. Algunos hemos pasado mucho tiempo postrados en la iglesia, llorando bajo su unción milagrosa. Nos encanta agitarnos, temblar y rodar. Nos saturamos y nos marinamos en su unción. Se nos pone la piel de gallina bajo el poder del Espíritu Santo. Y en ocasiones, a causa de nuestra inmadurez, utilizamos el poder del Espíritu Santo para alimentar deseos egoístas o satisfacer necesidades emocionales.

Pero el verdadero pentecostés no consiste únicamente en ese viento. No tiene que ver solamente con ruido o con sentimientos. Juan dijo que Jesús nos bautizaría en fuego y también en poder. ¿Qué es el fuego del Espíritu? Es un fuego de purificación. Juan el Bautista dijo: "Su aventador está en su mano y limpiará su era; y recogerá su trigo en el granero, y quemará la paja en fuego que nunca se apagará" (Mt. 3:12).

Cuando se trata del Pentecostés, la santidad no es un asunto secundario. Es la esencia de la obra del Espíritu Santo. Cuando Él desciende con poder, también lo hace para quemar el pecado en nuestra vida. Viene con convicción, revisando nuestras motivaciones, arrancando nuestra indisposición a perdonar y destrozando nuestro orgullo.

Nuestro problema es que vemos la escena de Hechos 2 como si fuera una fiesta. Queremos bombos y platillos y hablar en lenguas ruidosamente, pero no queremos el temor de Dios, ni la profunda convicción de pecado que se experimenta cuando nos exponemos a su santidad. Pasamos la vida chapoteando en la superficie de su río, cuando Él tiene un mar profundo para nosotros. Tenemos miedo de aceptar el aventador de Jesús, y nos resistimos cuando el fuego de su Espíritu viene a quemar nuestro egoísmo.

¿Está usted dispuesto a permitir que Dios lo purifique, incluso en sus secretos más ocultos? Suponga que usted ha vivido en la misma casa durante veinticuatro años y ha decidido mudarse. El proceso de empacar y limpiar una casa nunca es sencillo. Imagínese lo que se encontrará cuando traslade el refrigerador hasta el camión de mudanzas. Ha estado allí, en la misma esquina de la cocina durante mucho tiempo y nunca nadie ha barrido debajo de él. Tal vez la baldosa está asquerosa. Tal vez el suelo está cubierto por una capa de mugre, polvo, cáscaras de nueces, manchas de comida descompuesta, bandas para el cabello perdidas, pelo de perro y manchas no identificadas que han estado allí más de dos décadas. ¡*Puaj*! Será necesario hacer una limpieza especial para dejar la casa lista para el nuevo comprador.

Es un pensamiento aterrador, pero tal vez hay aspectos así en nuestra propia vida. Algunas veces escondemos nuestros pecados secretos en compartimientos privados. Sabemos cómo enmascarar nuestras peores actitudes. Pero cuando el Espíritu desciende con poder, llega a restregar el polvo y la suciedad que hay en nosotros. Él mueve todos los muebles que hay en nuestra vida para limpiar el resentimiento, la rabia, la vergüenza, las conductas adictivas y todo lo que pueda distanciarnos de Dios. Le animo a que abra su corazón al fuego del Espíritu.

Meditemos en esto

1. El Espíritu Santo hace muchas cosas por nosotros. ¿Puede usted describir una ocasión en la que el Espíritu Santo le ayudó en algo?

2. Hemos mencionado cuatro maneras en las que el Espíritu Santo puede guiarnos. Describa una oportunidad específica en la que sintió que le guiaba en una decisión.

3. La palabra *koinonia* no apareció en la Biblia sino hasta que el Espíritu Santo fue derramado sobre la primera Iglesia. ¿Qué es la *koinonia* para usted y cómo el Espíritu Santo utiliza este vínculo sobrenatural entre los creyentes?

4. El Espíritu es comparado con viento y fuego. ¿Cómo puede cambiarnos el fuego del Espíritu Santo?

Una oración peligrosa

Amado Espíritu Santo, tú no eres un concepto, una doctrina o una esfera de energía. ¡Tú eres Dios! Y tú trabajas de muchas maneras. Quiero conocerte en todas tus dimensiones. Quiero tu plenitud. Tu poder y habilidad son ilimitados. Eres mi Regenerador, mi Fortalecedor, mi Revelador, mi Guía, mi Conciliador, mi Intercesor, mi Consolador y mi Purificador. Quiero conocerte en todas estas facetas. Abre mis ojos para verte en acción. Y lléname para que yo pueda experimentar todo lo que tienes para mí.

Capítulo cinco

EL AMIGO QUE ES MÁS CERCANO QUE UN HERMANO

El Espíritu Santo nos ayuda a tener mayor intimidad con Dios

Al creyente que es morada del Espíritu Santo, se le da la potestad de tener el contacto directo del Espíritu con su espíritu humano, haciéndole conocer la voluntad de Dios en asuntos de poca y gran importancia. Esto es lo que debemos desear y esperar.[1]
—G. CAMPBELL MORGAN (1863–1945)
EVANGELISTA BRITÁNICO

HACE POCO ME dirigía hacia mi automóvil, que estaba aparcado en la entrada de mi casa, cuando escuché esa voz familiar: la voz del Espíritu Santo. Sus palabras dibujaron una gran sonrisa en mi rostro. Me dijo: "¡Lee, me divierto mucho contigo!". Estuve diez minutos alabándolo dentro del automóvil por haberme mostrado una vez más su inmenso amor.

Ya puedo escuchar a algunos rechinando los dientes por este comentario, y diciendo: "¡Eso lo inventaste!". Pero conozco el amor de mi Padre, y su aceptación me ha transformado. Estoy ansioso por crear más intimidad con Él, y es la presencia del Espíritu Santo la que me ayuda a conocerlo mejor.

Muchos cristianos tienen problemas para aceptar que Dios es un padre afectuoso, accesible y alegre. Leen la Biblia, escuchan sermones, asisten a la iglesia y son capaces de citar los versículos que hablan sobre el amor de Dios. Pero para ellos, el amor de Dios es una fría doctrina, no una cálida experiencia. Si queremos profundizar la intimidad con nuestro Padre, debemos seguir estos pasos:

Primero, debemos descubrir nuestra identidad como hijos de Dios. He conocido individuos que no saben quién es su padre. Pero conozco muchos cristianos que dudan constantemente de que Dios los ama como un Padre. La Biblia nos dice que cuando nacemos de nuevo, el Espíritu Santo entra en nuestro corazón para resolver nuestro propio misterio de paternidad. Romanos 8:15 dice. "Habéis recibido el espíritu de adopción, por el cual clamamos: '¡Abba, Padre!'". El Espíritu Santo nos ayuda a entender a quién pertenecemos. Y su nombre es *Abba*, la palabra hebrea para "Padre" o "Papá".

Segundo, debemos desechar nuestra vieja forma de pensar sobre la religión. ¿Le incomoda llamar "Papá" a Dios? Si es así, entonces usted no cree en Romanos 8:15. ¡Él es *Abba*! El problema es que muchos cristianos han sido condicionados por medio de sermones, oraciones aprendidas de memoria y música sombría, a creer que Dios (1) está muy distante, (2) siempre está enojado, y (3) está demasiado ocupado haciéndose cargo del cielo como para darse cuenta de que estamos aquí. Es así como los fariseos legalistas veían a Dios, pero Jesús desafió todas esas ideas distorsionadas.

Cuando Jesús vivió en la tierra demostró que Dios es accesible, que acepta a todo tipo de individuos, que es amigable con los pecadores, que perdona, que es protector y afectuoso. Él incluso dejó que su discípulo Juan recostara la cabeza sobre su pecho (Juan 1:2), ¡algo que un fariseo jamás habría hecho! Sin embargo, Jesús no es para nada religioso. Si se lo permitimos, Él nos acercará a su pecho y nos dejará escuchar el latido de su corazón. ¡Él realmente quiere que estemos cerca de Él!

Tercero, debemos aceptar el perdón que ya se nos ha otorgado. Algunos cristianos son capaces de citar todos los versículos de la Biblia que hablan del perdón de Dios, pero lo que creen en sus mentes, no lo creen en sus corazones. Muy en lo profundo, creen que Dios simplemente los tolera. Saben que Jesús pagó con su sangre por sus pecados, pero lo ven más como una operación legal certificada por un juez benevolente. En lo más profundo, siguen creyendo que Dios está enojado con ellos, aunque ya la sentencia de culpabilidad fue anulada. ¡Así no es el evangelio!

Dios no nos perdonó a medias, o con recelo. Él nos ha perdonado desde lo más profundo de su amoroso corazón. Si, fue una operación legal; pero aprobada gracias a una compasión extraordinaria que nos tomaría una eternidad llegar a comprender. La Biblia dice que Dios descargó todo su enojo (justificado) en Jesús y le aplicó a Él su castigo, para poder quitar la barrera que nos separaba de Él. ¡Todo por amor! Él ya no está enojado con nosotros. Al contrario, nos ama tanto que hace una fiesta para darnos la bienvenida ante su presencia (Lucas 15:7–10). Dios no simplemente nos tolera, ¡Él se deleita en nosotros!

Cuarto, debemos sacar nuestra vergüenza oculta del armario. Recibiremos el perdón de Cristo en el momento que confesamos nuestros pecados (1 Juan 1:19). Pero Santiago 5:16 dice que podemos ir más allá: también podemos confesarle nuestros pecados a otra persona "para que seáis sanados". Muchos cristianos nunca han dado este paso, porque les da mucha vergüenza. Pero cuanto más transparentes seamos con los demás, más libres seremos de nuestro pasado. Si el diablo nos recuerda constantemente nuestros pecados, busquemos a otro cristiano y oremos juntos. La Palabra dice que el acusador huirá.

Finalmente, debemos resolver los traumas con nuestros padres. Hay gente que cuando escucha la palabra *padre*, revive momentos dolorosos de abuso doméstico, abandono, alcoholismo o castigos aterradores. Otros asocian la palabra *padre* con el desapego, porque nunca estuvieron conectados emocionalmente con sus padres. Estas heridas se denominan "heridas paternas", y también existe una versión materna. No permitamos que los errores de nuestros padres imperfectos nos impidan disfrutar del amor perfecto de Dios. Debemos hablar con un pastor, mentor o consejero sobre lo que nos causa dolor. Después debemos permitir que el Espíritu Santo nos demuestre que nuestro Padre celestial es fuerte, compasivo, tolerante, gentil, amable y leal.

EL ESPÍRITU SANTO REVELA EL CORAZÓN DEL PADRE

Recientemente prediqué en una conferencia cristiana estudiantil en una universidad de Nueva Hampshire. Como sé que hoy en día muchos jóvenes provienen de hogares fracturados (actualmente, más de un millón de niños estadounidenses al año son víctimas del divorcio).[2] sentí la necesidad de hablarles del corazón paternal de Dios. No me sorprendió que a muchos se les empañaran los ojos cuando mencioné la palabra *padre*.

La mayoría de los estudiantes provenía de hogares fracturados. Algunos tenían a su padre y a su madre viviendo bajo el mismo techo, pero había casos en los que el padre era un alcohólico. En otros casos, el padre estaba distanciado emocionalmente de sus hijos, aunque se sentaba a la mesa todas las noches a la hora de la cena. Así que cuando le menciono la palabra *padre* a un joven de veintiún años que no ha visto a su padre desde que tenía trece, la respuesta emocional a menudo es de rabia o de profunda tristeza.

Con frecuencia ministro a gente de Latinoamérica. En culturas en las que los hombres han crecido en sociedades machistas, en las que se espera que sean fuertes y que nunca demuestren ternura, a menudo los hijos sufren. Una vez le pregunté a un grupo de setenta y cinco hombres latinos si sus padres alguna vez los habían abrazado o les habían dicho "te amo", cuando eran niños. Nadie levantó la mano. Estos hombres vivieron con sus padres, pero sus padres nunca les expresaron amor. Este tipo de ambiente en el hogar puede afectar profundamente la visión que una persona tiene de Dios.

¿Y usted? ¿Tiene heridas emocionales producto de su crianza? Si es así, esas heridas pueden bloquear su comprensión del amor incondicional de Dios. Lo animo no solo a perdonar a sus padres, sino también a renunciar a esos pensamientos poco saludables que tal vez haya adoptado como consecuencia de esos traumas.

Pablo les dijo a los Gálatas que cuando el Espíritu Santo entraba en nuestro corazón por primera vez, comenzábamos a sentir una conexión de padre a hijo con Dios. Esto es lo que en Romanos 8:15 se denomina "El espíritu de adopción". Tan pronto el Espíritu nos despierta por medio de la conversión, sabemos en lo más profundo que le pertenecemos al Padre. Gálatas 4:6–7 dice:

> "Y por cuanto sois hijos, Dios envió a vuestros corazones el Espíritu de su Hijo, el cual clama: ¡Abba, Padre! Así que ya no eres esclavo, sino hijo; y si hijo, también heredero de Dios por medio de Cristo".

Una cosa es leer este pasaje y entender esta doctrina, y otra muy diferente experimentar realmente el sentimiento de pertenecer a nuestro Padre celestial. Este proceso santo de adopción es más que un concepto espiritual. Es algo que debemos conocer y disfrutar. El hecho de que hayamos sido adoptados por Dios debería hacer explotar un gran gozo en nuestra alma. ¡Le pertenecemos a Él, y Él tuvo que sufrir mucho para adoptarnos!

Desde joven he comprendido el concepto de la adopción espiritual, pero en el año 2013 ocurrió algo en mi familia que me hizo entender como nunca que esto es real. Margaret, mi hija mayor, y su esposo Rick, decidieron que iban a adoptar un bebé antes de tener hijos biológicos. Durante un viaje misionero a Etiopía, Rick y Margaret sintieron que el Señor quería que ellos adoptaran a un bebé de ese país, ya que muchos de esos niños mueren de enfermedades infantiles o de negligencia antes de cumplir los cinco años.

La adopción no fue un proceso fácil. Tomó tres años de entrevistas y papeleo legal, así como dos viajes a Etiopía, para ultimar todos los detalles. Fue muy costoso. Y durante el proceso, la agencia de adopción se declaró en bancarrota. Nos preguntábamos si Margaret y Rick perderían al pequeño por el que habían estado orando durante más de cien días. Pero gracias a la determinación del personal de la agencia de entregar cada niño a su nuevo hogar, se logró un trabajo en conjunto con funcionarios locales para completar los procesos de adopción de muchas familias, lo cual fue un verdadero ejemplo de espíritu comunitario de la cultura etíope. ¡Le agradecemos a Dios el sacrificio de estos funcionarios y su compromiso con los niños! Gracias a ellos, mi primer nieto llegó a Estados Unidos justo después de cumplir un año de edad.

Su nombre es Grady Bereket Turner. Cuando lo tomé entre mis brazos por primera vez, besé su dulce rostro y admiré su cabello rizado. Los 27.000 dólares que se habían gastado en la adopción parecían algo irrelevante. De hecho, pensé: "Hubiera gastado diez veces esa cifra, con tal de traer a este pequeño a casa". Él formaba parte de mi familia en ese momento, ¡y eso era lo importante! Se robó mi corazón y se adaptó rápidamente a su nuevo hogar en Carolina del Sur, con sus dos padres amorosos. Hoy en día me llama "abuedito". El hecho de que su piel sea un poco más oscura que la mía, o que sus orígenes sean diferentes a los de otros niños del vecindario, no significa ninguna diferencia. La adopción lo cambia todo. Grady sabe a dónde pertenece. Sabe que su familia lo ama.

Debemos entender que lo que le ocurrió a mi nieto Grady nos ha ocurrido a todos. También fuimos adoptados. Dios hizo un largo viaje para traernos de las tinieblas a la luz, y pagó un alto precio para adoptarnos. Pero hoy formamos parte de su familia, y el Espíritu Santo está en nosotros para convencernos de eso. Gracias a Él podemos clamar: "¡Papá!".

Tal vez le cueste creer esto. Quizás su padre era violento o abusivo. Quizás su madre estaba deprimida, o era indiferente desde el punto de vista emocional. Quizás su padre era adicto a las drogas, o al alcohol, y usted nunca pudo confiar en él porque era muy inestable. Tal vez su padre era severo y exigente, y el amor que le daba dependía de su desempeño. O tal vez su padre siempre estuvo presente, pero se la pasaba callado la mayor parte del tiempo y nunca pronunció las palabras que usted necesitaba escuchar. Independientemente de cual haya sido su experiencia cuando era niño, Dios puede sanar sus heridas paternas. Solo debe creer lo siguiente:

Nuestro Padre celestial nunca nos abandonará.

Nada es más traumático para un niño que una ruptura familiar. Los niños con frecuencia se echan la culpa por un divorcio y experimentan graves sentimientos de inseguridad como consecuencia de ello. Un niño también puede desarrollar la idea errónea de que si su padre o su madre estuvieron dispuestos a alejarse de él, Dios podría hacer lo mismo.

Crea esta verdad: Dios dijo: "No te desampararé, ni te dejaré" (Heb. 13:5). Los padres terrenales quizás rompen sus promesas, pero Dios siempre es fiel.

Nuestro Padre celestial nunca nos reprenderá.

Hace poco conocí a una chica cuyos padres querían que ella fuera varón. A causa de su decepción, la criticaban constantemente, le decían que era fea, y la mayor parte del tiempo le exigían que se quedara en su habitación. Como resultado de esta crítica constante, a ella le costaba recibir amor y se le hacía difícil creer que Dios pudiera amarla.

Crea esta verdad: El Señor es un padre amoroso, que les habla con ternura a sus hijos. Incluso cuando nos disciplina, es para nuestro bien. Santiago 5:11 dice: "He aquí [...] habéis visto el fin del Señor, que el Señor es muy misericordioso y compasivo".

Nuestro Padre celestial nunca abusará de nosotros.

Tengo un amigo africano, Medad, cuyo padre lo golpeaba con el mismo palo que utilizaba para golpear a su madre. Medad aún tiene cicatrices en la espalda, pecho y estómago, producto de los arrebatos de ira de su padre. Un día, su padre metió a la familia en un automóvil, los llevó a una zona rural en Uganda, y les ordenó salir del vehículo. Los maldijo y los dejó ahí para que murieran. El comportamiento de su padre convirtió a Medad en un individuo furioso y vengativo, hasta que encontró la salvación en Jesús.

Crea esta verdad: Dios no es un abusador. Él es el buen pastor, que nos protege. Si alguien está abusando de nosotros, sea física, sexual, o verbalmente, debemos saber que Dios no aprueba el abuso y quiere sanarnos del dolor de esa experiencia.

Nuestro Padre celestial jamás nos negará su afecto.

He conocido docenas de hombres cuyos padres nunca les demostraron ningún tipo de afecto. Muchos de estos hombres hoy en día luchan contra las adicciones al alcohol, las drogas y otras sustancias que nublan la mente, porque no saben cómo procesar la falta de seguridad que sienten. Y las mujeres que nunca recibieron un afecto saludable, no sexual, de parte sus padres, a menudo terminan atrapadas en un estilo de vida promiscuo, porque están buscando ese amor que les fue negado.

Crea esta verdad: Dios está loco por nosotros ¡y quiere inundarnos con su amor! Isaías describió a Dios como un pastor que reúne a sus ovejas y las lleva en su seno (Isa. 40:11). El Padre quiere que estemos cerca de Él.

Nuestro Padre celestial nunca nos dejará a la deriva a nivel financiero.

Un padre amoroso, independientemente de sus ingresos, puede hacer sentir seguro a un niño llevando alimentos a la mesa, proveyendo una cama caliente y ropa para vestir. Desafortunadamente, en esta época de padres irresponsables y familias monoparentales, mucha gente crece con problemas de tipo financiero. Dios no le regala Cadillacs automáticamente a la gente por dar el diezmo, pero los seguidores de Jesús pueden contar con la promesa de provisión por parte de Dios.

Crea esta verdad: Jesús dijo que el Padre sabe que necesitamos comida, ropa y refugio. "No os afanéis, pues, diciendo: ¿Qué comeremos, o qué beberemos, o qué vestiremos? Porque los gentiles buscan todas estas cosas; pero vuestro Padre celestial sabe que tenéis necesidad de todas estas cosas. Mas buscad primeramente el Reino de Dios y su justicia, y todas estas cosas os serán añadidas" (Mat. 6:31–33). Servimos a un Dios generoso.

Nuestro Padre celestial nunca actuará de forma inestable.

Tengo un amigo cuyo padre era alcohólico en secreto. Cuando era niño, mi amigo nunca entendía por qué su padre era amable un día y al día siguiente estaba enojado. Se culpaba a sí mismo por la conducta errática de su padre, y hasta el día de hoy arrastra mucho del dolor por ese trauma emocional.

Crea esta verdad: Dios no es inestable. Él nunca se emborracha, se droga o pierde el control. 1 Samuel 15:29 dice que Dios "no mentirá, ni se arrepentirá, porque no es hombre para que se arrepienta". Las circunstancias nunca afectarán la naturaleza de Dios. El siempre, siempre, siempre será el mismo.

Independientemente de las heridas que nuestros padres puedan habernos infligido, y del tiempo que hayamos sufrido, Dios puede sanar nuestro corazón y cerrar esa brecha. Extendamos nuestros brazos y recibamos el abrazo de nuestro Padre celestial.

EXPERIMENTEMOS LA LIBERTAD DEL ESPÍRITU SANTO

Muchos cristianos conocen la Biblia, van a la iglesia, e incluso hacen trabajo ministerial mientras intentan comprender la esencia del evangelio. Son capaces de citar las Escrituras que hablan de lo que Cristo hizo por ellos, pero aún siguen creyendo que deben trabajar para ganarse su amor. Al final, terminan sintiéndose poco valiosos y separados de Dios, ya que es imposible para un ser humano justificarse a sí mismo. Debemos confiar en la gracia que nos ha sido dada a través del Espíritu Santo que mora en nosotros.

Es inútil tratar de complacer a Dios por nuestro propio esfuerzo. Eso es lo que llamamos una religión basada en el desempeño, o legalismo. El apóstol Pablo abordó este importante tema en su carta a los Gálatas. Un grupo de cristianos estaba intentando basar su relación con Dios en su propia capacidad de obedecer la Ley. Pablo los reprendió y les dijo que "de Cristo os desligasteis" y que "de la gracia habéis caído" (Gal. 5:4).

El legalismo es un virus mortal que puede matar nuestra vida espiritual. ¡Incluso nos puede convertir en personas desagradables! Muchos cristianos comienzan su viaje espiritual con gran gozo y amor, pero ciertas formas de pensar los envenenan y los convierten en individuos amargados e infelices. Pablo se dio cuenta de esto cuando visitó a los Gálatas. Les dijo:

> "Estoy maravillado de que tan pronto os hayáis alejado del
> que os llamó por la gracia de Cristo, para seguir un evangelio

diferente [...]. ¿Tan necios sois? ¿Habiendo comenzado por
el Espíritu, ahora vais a acabar por la carne?"
                                        —Gálatas 1:6, 3:3

Aunque Jesús murió en la cruz para que no tuviéramos que ser
juzgados según la ley, muchos cristianos siguen viviendo según el
Antiguo Testamento. Nunca han adoptado la fe del Nuevo Testamento. Están tratando de ganarse el amor y el favor de Dios a través
de sus acciones. La religión dice que si se visten de cierta forma, se
alejan de ciertas películas, van a la iglesia un día determinado, oran
por una cierta cantidad de tiempo, o ejecutan ciertos rituales en la
iglesia, pueden ganar la aprobación de Dios. ¡Pero esto no funciona
así! Esta mentalidad solo hace que una persona se convierta en es-
clava de la religión.

Jesús les dijo a sus discípulos que no lo siguieran con mentalidad
de esclavos. Él dijo: "Ya no os llamaré siervos, porque el siervo no
sabe lo que hace su señor; pero os he llamado amigos, porque todas
las cosas que oí de mi Padre, os las he dado a conocer" (Juan 15:15).
Dios no quiere que veamos nuestra relación con Él como algo rí-
gido y severo, ¡nos ha invitado a tener una amistad con Él!

Y es el Espíritu Santo el que nos ayuda a desarrollar esa amistad.
Pablo les dijo a los Gálatas que el Espíritu Santo es la fuente de la
libertad espiritual. Él es el que nos invita a tener una amistad cercana y personal con Dios y el que nos libera de las ataduras espirituales de la religión. Pablo dijo: "Donde está el Espíritu del Señor,
allí hay libertad" (2 Co. 3:17). Si aún no hemos experimentado esta
libertad, debemos pedirle al Espíritu Santo que limpie cada parte
donde el legalismo ha distorsionado nuestra comprensión de Dios.
He aquí las señales más comunes de un espíritu legalista:

1. *Falta de gozo verdadero.* Jesús no perdonó nuestros
   pecados para que anduviéramos tristes y amargados.
   Sin embargo, he conocido a cientos de cristianos que
   lucen como si estuvieran en un funeral cada vez que
   acuden a la iglesia. ¿Por qué? El legalismo mata el

gozo. Cuando alguien tiene un encuentro con el amor de Dios, su corazón siempre rebosa de alabanza y gratitud. El apóstol pablo escribió: "Porque el Reino de Dios no es comida ni bebida, sino justicia, paz y gozo en el Espíritu Santo" (Ro. 14:17). No existe tal cosa como un cristiano sin gozo.

2. *No se ha logrado una victoria verdadera sobre el pecado.* Todos los cristianos luchan con las tentaciones. Pero a una persona con mentalidad legalista le cuesta recibir la gracia de Dios para superar sus hábitos pecaminosos. Entonces, como quieren parecer santos, adoptan códigos religiosos externos para ocultar sus problemas secretos. ¿Está usted haciendo un esfuerzo para liberarse por sus propios medios de un pecado en particular? ¡Usted no puede hacer eso por su cuenta! Debemos admitir nuestra debilidad e invitar al Espíritu Santo a que nos dé el poder sobrenatural para llevar una vida santa. Es el Espíritu de Cristo que mora en nosotros, no nuestro propio esfuerzo, el que nos da la victoria.

3. *Orientación al desempeño.* Dios es un Padre amoroso que quiere aprobarnos y animarnos. Pero muchos cristianos no tienen una revelación del amor incondicional de Dios. Sienten que deben ejecutar actividades religiosas para ganar su amor. ¿Alguna vez hemos sentido como si Dios estuviera molesto con nosotros porque nos quedamos dormidos y nos saltamos el devocional matutino? Él quiere pasar tiempo con nosotros, pero no para cumplir con una obligación. ¡Relajémonos y simplemente disfrutemos de su amor!

4. *Actitud crítica y antipática hacia los demás.* La gente que no entiende la gracia de Dios, no puede extender esa gracia hacia sus semejantes. Es por ello que muchos cristianos muestran antipatía hacia los no

creyentes. Cuando comprendemos cuanta gracia tuvo Dios al perdonarnos, ¡es fácil mostrar compasión hacia aquellos que no la merecen! Cuando escuchamos cristianos hablando duramente de los musulmanes, los ateos, o los políticos liberales, estamos en presencia de un espíritu legalista.

5. *Enfoque obsesivo en los códigos de vestimenta o de conducta.* Algunas denominaciones cristianas enseñan que Dios exige un cumplimiento estricto de los códigos de vestimenta. En el pasado, algunas iglesias condenaban el uso de maquillaje, joyas, pantalones o cabello corto en las mujeres. Otras iglesias enseñaban que los cristianos no podían practicar deportes, jugar cartas, bailar, ponerse anillo de boda, ir al cine, usar *jeans* en la iglesia, ¡o comprar un televisor! Pero Dios valora más la santidad interna que la obediencia a los códigos. Cuando caminamos en su gracia, el Espíritu nos ayuda a vestirnos y actuar de formas que lo honren a Él, que no necesariamente se adaptan a los códigos religiosos establecidos por el hombre.

6. *Ataduras a tradiciones religiosas.* Los fariseos rechazaron a Jesús porque no podían dejar atrás la religión del Antiguo Pacto. Un espíritu legalista dice: "Siempre lo hemos hecho de esta manera". Hay gente que ha rechazado un movimiento nuevo del Espíritu Santo, solo porque no le gusta el nuevo estilo de música. Hoy en día, algunas iglesias están en peligro de perder a Dios porque insisten en seguir viviendo como si fuera 1973. Los legalistas tienden a resistirse a cualquier innovación religiosa. Debemos recordar que Dios no cambia en su naturaleza, pero hace cosas nuevas. Debemos llevarle el paso.

7. *Poca o ninguna certeza de salvación.* Quienes tienen una mentalidad legalista con frecuencia dudan de su salvación, ya que confían más en su propia obediencia que en Cristo. La Biblia dice que cuando recibimos la gracia de Dios, nuestro corazón clama: "¡Abba! ¡Padre!" (Ro. 8:15). Un verdadero encuentro con Jesús nos hará entender que Dios nos ha adoptado y que jamás nos abandonará. Quienes tienen problemas para entender que su salvación es real siempre tendrán altibajos; en un momento están elevados espiritualmente y al siguiente están dudando. Incluso, en algunos casos, le darán la espalda a Dios.

Por favor, no caiga en un cristianismo sin gracia. Si usted ve alguna de estas señales de advertencia en su propia vida, pídale al Espíritu Santo que lo libere del legalismo. Deje de luchar, arrepiéntase de su arrogancia, y pídale a Dios que le abra los ojos a la realidad de su gracia asombrosa. ¡El Espíritu Santo puede liberarlo!

Cómo adorar a Dios en el Espíritu

Muchos cristianos van a la iglesia y participan en la adoración general. Conocemos el proceso. Cantamos la canción que aparece en la pantalla y, si somos muy eufóricos, aplaudimos o levantamos las manos. La adoración colectiva debería ser una experiencia maravillosa y elevadora para todos los involucrados. Pero si no tenemos cuidado, podemos hacer de ella una especie de espectáculo.

He visto que esto ocurre en las iglesias grandes, donde la banda toca tan fuerte que no se puede escuchar el canto de la congregación. El resultado es que la sesión se parece más a un concierto que a una experiencia de adoración. Bajan las luces, sale humo en el escenario, y las guitarras, baterías y voces están al máximo. El público puede simplemente gesticular y no cantar en lo absoluto. Simplemente puede fingir que lo hace.

Pero la verdad es que Dios quiere que lo adoremos, y que

experimentemos esta comunión, tanto en privado como junto a los demás en la iglesia. Cuando Jesús y la mujer samaritana hablaron, en Juan 4, tuvieron una conversación interesante sobre la adoración. La mujer señalaba que los judíos adoraban en Jerusalén, y los samaritanos adoraban en su propia montaña. Ella pensaba que la adoración consistía en ejecutar un ritual o hacer las cosas de cierta forma. Pero Jesús la corrigió y le dijo:

> "Mas la hora viene, y ahora es, cuando los verdaderos adoradores adorarán al Padre en espíritu y en verdad; porque también el Padre tales adoradores busca que le adoren. Dios es Espíritu; y los que le adoran, en Espíritu y en verdad es necesario que adoren".
>
> —Juan 4:23–24

¡Jesús dijo que el Padre *busca* gente que lo adore! Eso significa que Él nos está buscando, y que cuando nos encuentre nos enseñará cómo adorarlo. También he aprendido que el Espíritu Santo nos ayuda en este proceso. El Espíritu Santo busca glorificar a Cristo, por eso nos permite enfocarnos en Él. El Espíritu Santo es nuestro líder personal de adoración. Nos aleja de nuestros propios problemas y dificultades y dirige nuestra atención hacia aquel que merece nuestra devoción total. También nos enseña cómo liberar el sonido de la adoración, especialmente si lo tenemos encerrado dentro de nosotros. Él nos da la pasión y la fuerza para adorar a Dios con todo nuestro corazón, alma, mente y fuerza.

En el último capítulo de la Biblia, escuchamos que el Espíritu Santo nos dice que adoremos al glorioso Hijo de Dios. El Espíritu Santo le dice "Ven" a todo aquel que esté sediento del agua de vida que fluye de nuestro Salvador (Ap. 22:17). El Espíritu nos rodea y nos anima a poner los ojos en Jesús. Él descorre la cortina de esta vida terrenal y temporal y nos invita a contemplar y a adorar al Mesías eterno que reinará sobre toda la creación para siempre, incluso después de que este mundo pecaminoso haya desaparecido.

La verdadera adoración no se puede reducir a una fórmula. No se puede definir con una canción, himno u oración en particular. La verdadera adoración es el amor que le damos a Dios, y puede venir en forma de palabras, pensamientos, un suave balanceo, un gemido silencioso, o un grito de "¡Aleluya!" con las manos levantadas. La verdadera adoración puede ser musical, o puede venir en forma de oraciones. La verdadera adoración puede ser majestuosa o informal. Puede venir en la forma de un canto gregoriano, un fervoroso ritmo africano, un coro contemporáneo, o un himno reverencial acompañado de un órgano. Pero para que sea verdadera adoración, debe ser "en Espíritu y en verdad", como dijo Jesús. Debe ser dirigida por el Espíritu Santo y estar enfocada en la fuente de toda verdad, Jesucristo.

¿Cómo podemos disfrutar de un espacio significativo de adoración cuando estamos solos con Dios? Para entender el secreto de la adoración personal debemos ir al modelo original. En el Antiguo Testamento, Dios le dio a Moisés la fórmula de la verdadera adoración. Moisés recibió instrucciones para diseñar el tabernáculo, la tienda de reunión donde iba a estar la presencia de Dios. La nación de Israel aprendió a adorar a Dios y a realizar rituales en este santuario portátil.

Cuando una persona iba al tabernáculo a adorar, siempre debía llevar un sacrificio, bien fuera un carnero, un toro, un ave, o una medida de grano. El adorador le entregaba el animal al sacerdote cerca de la entrada de la tienda, y el sacerdote lo tomaba para sacrificarlo en el altar. La persona que ofrecía el sacrificio podía escuchar el sonido angustioso del animal al ser sacrificado. El sacerdote terminaba totalmente salpicado de sangre. El adorador tenía que estar de pie, a cierta distancia del verdadero santuario interno, donde habitaba la presencia de Dios; nunca podía acercarse a ese lugar. Pero se marchaba del tabernáculo sabiendo que Dios había aceptado su sacrificio y que lo había perdonado por sus pecados.

Mientras tanto el sacerdote, que estaba dentro de la tienda, caminaba hacia la fuente sagrada y se lavaba las manos en el agua bendita, convencido de que Dios había limpiado la culpa del pecado. Incluso podía entrar al lugar santo, ofrecer incienso en el altar de oro y cantar oraciones que exaltaran la misericordia, la amorosa amabilidad, la majestuosidad, la fuerza, la grandeza y la santa perfección de Dios (muchas de las oraciones cantadas por los sacerdotes y músicos en el tabernáculo fueron compiladas posteriormente en un libro de cinco partes que sería conocido como Salmos). En ese lugar santo, que estaba iluminado por una lámpara sagrada, el sacerdote caminaba alrededor de la mesa de las ofrendas, donde siempre había doce piezas de pan. Este pan le recordaba al sacerdote que Dios era el que sostenía fielmente a Israel.

Más allá del lugar santo, había una habitación interna conocida como el lugar santísimo. En ella no podían entrar los sacerdotes, a excepción de uno, y estaba protegida por un grueso velo de tela azul, púrpura y roja. Dentro de ella se encontraba el arca de la alianza, una caja dorada que contenía las dos tablas de piedra donde Moisés había grabado los diez mandamientos. Era sobre esta arca, o "propiciatorio", que se manifestaba la gloria de la presencia de Dios. A nadie se le permitía entrar a este recinto ni ser testigo de esta increíble gloria, excepto al sumo sacerdote, que entraba una vez al año a ofrecer un sacrificio por los pecados del pueblo.

Afortunadamente, hoy no tenemos que adorar a Dios de esta manera. El Antiguo Pacto no nos permitía tener una amistad íntima con Dios, aunque nos daba una visión de que algo más grande vendría. La adoración en el tabernáculo era una especie de ensayo, si se quiere, de lo que Dios nos daría en la era del Espíritu Santo. Todo en el tabernáculo de Moisés representaba a Jesús.

Hoy en día, gracias a que Jesús murió en la cruz para pagar por nuestros pecados, vivimos en la era del Nuevo Pacto. No tenemos que sacrificar animales para limpiar nuestros pecados, porque el Hijo de Dios derramó su propia sangre por nosotros. Él fue el Cordero de Dios. En la era del Nuevo Pacto, no tenemos que mantener distancia de Dios. Todos fuimos hechos sacerdotes y podemos entrar al lugar santísimo cada vez que queramos. De hecho, podemos vivir veinticuatro horas al día en la presencia de Dios.

Y en este Nuevo Pacto, no hay ningún velo o cortina que separe la increíble presencia de Dios del pueblo común y pecador. Ese velo se rasgó de arriba a abajo cuando Cristo murió en el calvario. En el momento en que Jesús fue crucificado, Dios nos abrió un camino para que pudiéramos tener una comunión personal e íntima con Él. Podemos entrar al lugar santísimo en cualquier momento y estar en el lugar donde solamente el sacerdote mayor podía estar una vez al año. Tenemos acceso.

El apóstol Pablo explica este milagro en Efesios 2:17-18:

> "Y vino y anunció las buenas nuevas de paz a vosotros que estabais lejos [los gentiles], y a los que estaban cerca [los judíos]; porque por medio de Él [Jesús] los unos y los otros tenemos entrada por un mismo Espíritu al Padre".

¿Por qué Dios nos dio este acceso? ¡Porque Él quiere adoradores! Él quiere tener comunión con nosotros, pero ha tenido que tomar decisiones extremas para lidiar con nuestro problema con el pecado. Él nos ama tanto, que sacrificó a su único Hijo. Así de grande es su deseo de crear intimidad con nosotros. Y según este versículo de Efesios, nuestro acceso es posible a través de "un mismo Espíritu". Es el Espíritu Santo el que nos permite entrar en la presencia de Dios. Si este no habita dentro de nosotros, no podemos permanecer en el lugar santísimo. El Espíritu nos toma de la mano y nos lleva al salón del trono, donde probamos las glorias del cielo y sentimos el gozo abundante de ser hijos de nuestro Padre.

Si queremos experimentar el poder de la adoración personal, podemos seguir las instrucciones que Dios nos dio para entrar al tabernáculo, pero pidiéndole al Espíritu Santo que nos lleve durante todo el camino al lugar santísimo.

Primero, entrar con acción de gracias. Así como en el Antiguo Pacto los adoradores comenzaban su experiencia en el altar de sacrificio, nuestra experiencia de adoración comienza en la cruz. Pongamos nuestros ojos en Jesús y démosle gracias por su sacrificio. Fue su obediencia la que abrió el camino para que nosotros recibiéramos el perdón por nuestros pecados. Démosle gracias a Él por cubrir nuestros pecados con su preciosa sangre. Podemos agradecerle con palabras, y también cantarle desde el corazón.

Cuando era joven, solíamos cantar un viejo coro llamado *"I am Covered Over"* [Estoy cubierto], que celebraba el regalo de la justificación que recibimos en Cristo. Era una canción sencilla, pero la letra permanece en mi memoria hasta el día de hoy. La canción dice que Dios ya no ve mis pecados cuando me mira, porque he sido cubierto con un manto de justicia. Él ve a Cristo cuando me mira a mí. Esta es una verdad importante, especialmente para los cristianos que todavía luchan con la culpa y la vergüenza de su pasado.[3]

Mientras le damos gracias al Padre por su asombroso perdón, tal vez nos venga a la mente algo que hayamos hecho que no sea de su agrado. No tenemos que estar excesivamente conscientes de nuestros pecados, pero el Espíritu Santo quizás nos muestre una actitud o acción pecaminosa de la que necesitemos arrepentirnos. Pidámosle perdón, con la convicción de que la sangre de Cristo nos limpió completamente de toda la culpa y vergüenza. Un componente poderoso de la adoración es la comprensión de que fuimos completamente perdonados. Es solo ante la presencia de Dios que podemos entender plenamente cómo Cristo nos redimió.

Segundo, profundizar nuestra alabanza y adoración. Muchos cristianos entran en la presencia de Dios e inmediatamente empiezan a pedir cosas. Traen sus listas de oración y comienzan a pedirle al Padre por sus propias necesidades y las de sus familiares y amigos. No hay nada de malo en la oración, pero debemos recordar que el Padre está buscando adoradores. Él no es como Santa Claus, que recibe una lista y complace deseos y favores. Él es un Dios santo, que nos creó para tener una relación cercana con nosotros. Quiere que pasemos tiempo con Él, no solo para cubrir nuestras necesidades, sino para revelarnos lo que hay en su corazón. Él lo hace cuando permanecemos en su presencia y aprendemos a adorarlo.

Si le pedimos al Espíritu Santo que nos enseñe a convertirnos en adoradores, tal vez tengamos que ir más allá de las costumbres de nuestra sociedad o de nuestra iglesia. Esto me ocurrió a mí después de que fui bautizado en el Espíritu Santo. Crecí en una iglesia conservadora donde se adoraba reverencialmente a Dios sosteniendo entre las manos himnarios azules e idénticos. Los únicos instrumentos de nuestra iglesia eran un piano y un órgano. Nadie se emocionaba demasiado, a excepción de un anciano de la primera fila, que de vez en cuando soltaba un incómodo "¡Amén!" durante el sermón.

Cuando tuve mi primera experiencia con el Espíritu Santo, que me cambió la vida a la edad de dieciocho años, fui a visitar una iglesia afroamericana que se encontraba al otro lado de Atlanta. Esta gente adoraba a Jesús sin ningún tipo de inhibición. Agitaban los brazos, gritaban, y se mecían al ritmo de los tambores. Me sentí tan animado por su alabanza entusiasta, que no podía esperar hasta la próxima reunión.

Estudiando las Escrituras, rápidamente aprendí que mis hermanos y hermanas afroamericanos estaban adorando de una manera bíblica, aunque a mí me resultara algo extraña. Dios nunca quiso que su pueblo ocultara su entusiasmo. Cuanto más entusiasta era mi adoración, mayor libertad personal experimentaba. Comencé a abandonar las aguas poco profundas de la religión tradicional y me aventuré a las profundidades de la rendición total. Aprendí lo que significa adorar a Dios con todo mi corazón, sin temor a la opinión de los demás.

Hoy en día, muchas iglesias han adoptado un estilo de adoración libre, y mucha de la mejor música de alabanza que existe está disponible para los nuevos cristianos. Sin embargo, veo que muchos cristianos aún no han aprendido el secreto de la alabanza sin inhibiciones. Dios nos invita a que nos comprometamos completa y radicalmente a adorarlo con entusiasmo.

¿Hemos dejado de lado nuestras inhibiciones en la adoración? A menudo le pido a la gente que compare su experiencia de adoración con el libro de los Salmos, el cual debería ser el estándar para todas las iglesias, sin distingo de nacionalidad, cultura, o denominación. Los salmos nos invitan a realizar una alabanza gozosa, enérgica, sin reservas, de alto voltaje.

¿Somos libres de expresar nuestra adoración de alguna de las siguientes formas?

- *Declarar a alabanza.* El salmista dice: *"Díganlo* los redimidos de JEHOVÁ" (Sal. 107:2, itálicas añadidas). Alabar es simplemente honrar a Dios por su carácter y sus atributos. Aprendamos a verbalizar nuestro agradecimiento por su misericordia, su perdón y su bondad. Dios no necesita nuestra alabanza, pero nosotros necesitamos expresarla para poder ver cuán grande es Él en comparación con nuestros insignificantes problemas.

- *Levantar las manos.* El rey David dijo: "En tu nombre alzaré mis manos". (Sal. 63:4). Dios nos pide que levantemos nuestras manos, porque nuestra postura corporal influye en nuestro corazón. Levantar las manos nos ayuda a rendirnos ante Él.

- *Cantar.* El salmista dice: "Misericordia y juicio cantaré; a ti cantaré yo, oh JEHOVÁ" (Sal. 101:1). No debemos solamente escuchar las canciones de la iglesia, o cantarlas con poco entusiasmo. Debemos hallar un lugar privado para adorar a Dios a solas, en el que podamos cantar. Debemos subir el volumen y abrocharnos el cinturón, y no preocuparnos si estamos entonados. Lo único que Dios quiere de nosotros es un ruido gozoso.

- *Gritar.* Para nosotros es completamente normal animar, gritando con toda la fuerza de nuestros pulmones, a nuestro equipo favorito. Pero, ¿nos sentimos cómodos dando loas a Jesús? El salmista escribió: "Mis labios se alegrarán cuando cante a ti" (Salmo 71:2). Algunos tipos de resistencia espiritual no se derrumbarán hasta que levantemos nuestra voz. Muchos cristianos viven con miedo y derrota porque nunca han levantado su voz lo suficientemente alto como para romper las fortalezas en su vida.

- *Aplaudir.* Aplaudir en adoración tiene un efecto espiritual invisible. El Salmo 149:6–8 dice que cuando exaltamos a Dios con nuestra garganta, atamos a los principados espirituales con cadenas. La alabanza a altos decibeles es una forma de guerra espiritual que tiene un efecto inmediato en los poderes demoníacos. ¡No en vano el diablo ha convencido a algunas iglesias de quedarse calladas!

- *Danzar.* Uno de los momentos más poderosos que he experimentado en la adoración fue cuando dancé más de una hora con un grupo de cristianos en una iglesia en Nigeria. Estaba completamente empapado de sudor al final del servicio, y a la mañana siguiente me dolían las pantorrillas, pero mi espíritu estaba libre. Muchos cristianos sienten vergüenza de expresar su adoración con danzas, pero la Biblia sigue siendo clara: "Alaben su nombre con danza" (Sal. 149:3). Si queremos que Dios se mueva en nuestra vida, ¡tal vez necesitemos movernos cuando lo estemos adorando!

- *Arrodillarse.* Los musulmanes se hincan para orar cinco veces al día, pero el arrodillarse se ha convertido en una práctica excepcional en la iglesia evangélica. David escribió: "Venid, adoremos y postrémonos; arrodillémonos delante de Jehová nuestro Hacedor" (Sal. 95:6). Cuando nos arrodillamos, expresamos humildad. Recordamos que no somos Dios. Tal vez entendamos que nuestra experiencia más profunda con Jesús ocurre cuando estamos de rodillas.

Cuando el rey David trajo el arca a Jerusalén, estaba tan contento de que la verdadera adoración se hubiera restaurado, que bailó delante Dios sin inhibiciones. Pero su esposa, Mical, estaba tan avergonzada por esta demostración radical de devoción, que lo criticó, y como resultado quedó infértil (2 Sam. 6:12–23). ¿Quién le gustaría ser en esta historia: el adorador entusiasta o el crítico religioso que aún está atrapado en el lodo? No permitamos que la tradición, el orgullo espiritual o nuestros complejos personales nos impidan experimentar todo lo que Dios tiene para nosotros. Escapemos de nuestra caja y subamos el volumen.

Tercero, luego de que hayamos aprendido a alabar y a adorar a Dios sin inhibiciones, debemos dejar que el Espíritu Santo dirija nuestras oraciones. Cuando los sacerdotes del Antiguo Testamento entraban en el lugar santo, quemaban incienso, cantaban y adoraban a Dios en su presencia. Ellos representaban al pueblo de Israel delante de Dios. Lo mismo ocurre con nosotros. Dios nos ha ungido para que seamos sacerdotes delante de Él. Podemos interceder en nombre de los demás, y Dios nos escuchará. Esto va más allá de simplemente orar por nuestras propias necesidades. Los verdaderos adoradores aprenden que también son intercesores. Dios comparte sus cargas con sus sacerdotes, y estos oran con fuerza porque tienen toda la atención del Señor.

Cuando paso tiempo con el Señor, le entrego mis propias preocupaciones. Oro por cualquier cosa que me preocupe, porque sé que a Él le importan mis problemas. Pero no permito que la oración se convierta en una actividad egoísta. Después de orar por mis necesidades personales, siempre le pido al Espíritu Santo que me guíe para interceder por los demás. Un verdadero sacerdote no vive para sí mismo. Puedo orar por uno de mis hijos, por la crisis nacional, por un grupo de cristianos perseguidos, por un amigo que está luchando contra el cáncer. Sea cual sea la necesidad, estoy consciente de que el Espíritu Santo está dirigiendo mis oraciones.

La intercesión es en realidad un acto de adoración. No debemos clasificar la oración, ni considerarla inferior a la adoración. El apóstol Juan tuvo una visión del cielo en la que veinticuatro ancianos estaban derramando tazones de incienso. Dios le explicó a Juan que el incienso representaba "las oraciones de los santos" (Ap. 5:8). Esto nos demuestra cuánto Dios desea que sus seguidores se conviertan en intercesores.

A Dios le gusta que lo adoremos, pero también que lo amemos tanto como para pedirle que haga su voluntad en la tierra como en el cielo. La oración es una fragancia agradable a Dios. Cuando intercedemos, estamos complaciendo profundamente al Padre. Y cuando dejamos que el Espíritu Santo dirija nuestra intercesión, podemos tener la certeza de que nuestras oraciones estarán empapadas con la fragancia de Cristo y que van a ascender al trono. Cuando oramos en el nombre de Jesús y bajo la dirección del Espíritu Santo, las puertas del infierno no pueden prevalecer contra tanto poder.

HABLEMOS DE ESTO

1. ¿Puede describir una ocasión en la que se sintió abrumado por el amor que Dios le demostró? ¿Cómo ocurrió esto, y qué le dijo el Espíritu Santo?

2. Recuerde su infancia. ¿Alguno de sus padres le ocasionó una herida que necesite sanar? ¿Cómo cree que el Espíritu Santo puede sanar esa herida?

3. El apóstol Pablo dijo que el Espíritu Santo nos da verdadera libertad (2 Co. 3:17). Después de leer las características de un espíritu legalista, ¿cree que alguna de ellas está presente en su vida? ¿Cómo puede experimentar un mayor nivel de gracia y gozo en su vida cristiana?

4. Describa su tiempo personal con Dios. ¿De qué manera puede hacer más significativa su experiencia de adoración?

UNA ORACIÓN PELIGROSA

Padre, te agradezco que hayas enviado a tu Espíritu Santo a mi corazón para que yo pudiera ser tu hijo. Te doy gracias por adoptarme. ¡Gracias por darme la dicha de poder llamarte Padre! Por favor, sana mi corazón de todas las heridas paternas, ayúdame a comprender plenamente tu asombroso amor. Quiero sentir tu abrazo. Ayúdame a sobreponerme a cualquier rechazo, para poder sentirme seguro en tu afecto rebosante. Quiero ser uno de tus adoradores. Quiero profundizar mi adoración. Por favor, llévame al lugar santísimo. No quiero vivir afuera. Quiero amar a Dios íntimamente y ser un verdadero guerrero de la oración. Quiero vivir en tu presencia cada día, escuchar tu voz en mi corazón, y sentir tu amor tangible lavando mi alma. Y quiero devolverte ese amor en forma de oraciones, adoración e intercesión.

Capítulo seis

DEJEMOS QUE EL ESPÍRITU SANTO NOS SUBA EL VOLUMEN

Por qué necesitamos valentía espiritual

Que gloriosas son las palabras de un hombre cuando sus labios han sido tocados con el carbón vivo del altar, cuando siente el poder abrasador de la verdad, no solo en lo más profundo de su alma, ¡sino también en los labios con los cuales se expresa! [...] Hermanos, necesitamos que el Espíritu de Dios abra nuestra boca para alabar al Señor, o no podremos hablar con poder.[1]
—CHARLES H. SPURGEON (1834–1892)
PREDICADOR BRITÁNICO

HACE POCO SUBÍ al púlpito, observé a la congregación, en su mayoría gente que no conocía, me aclaré la garganta y prediqué un mensaje inspirado en la Biblia que el Señor había puesto en mi corazón.

Todas las semanas, miles de hombres y mujeres hablan en público de esta manera. Es lo que hacemos los predicadores. No es gran cosa. Pero, a pesar de que predico a menudo, considero que hablar del evangelio es una de las tareas más atemorizantes que yo o cualquier persona puede llevar a cabo. Justo antes de comenzar, siento como si muriera mil veces, y siento que muero muchas veces más luego de que me voy a casa y evalúo lo que ocurrió.

Después de una experiencia desalentadora, en la cual el público me contemplaba fríamente, con los brazos cruzados, pensé que predicar no debía ser mi vocación. Compartí mis pensamientos con un pastor más experimentado.

—A veces me siento desanimado después de predicar —le dije—.
¿Alguna vez le ha ocurrido eso?

Estaba seguro de que me aconsejaría que dejara de predicar. Su
respuesta me impresionó.

—Hijo, yo me siento así todos los lunes en la mañana.

Mis amigos se sorprenden cuando les cuento que yo me resistía
tercamente a cumplir el llamado de Dios para predicar. No confiaba
en mí mismo. Ellos creen que la mayoría de la gente que está en un
púlpito realmente quiere estar allí.

Creemos que Dios escoge oradores talentosos que pulen sus habilidades de la misma manera que los doctores aprenden cirugía, o
los actores actuación. Pero la verdadera prédica no es una actividad
carnal, es una de las tareas más sobrenaturales que alguien puede
realizar. Se necesita de una vasija humana imperfecta que esté dis-
puesta a entregarse completamente a la tarea de transmitir las palabras del propio Dios.

Si hacemos esto en la carne, los resultados pueden ser terribles.
Pero si confiamos completamente en el poder del Espíritu Santo, la
prédica profética desencadenará una unción sobrenatural.

La mayoría de los que predicaron la Biblia estuvieron reacios a hacerlo. Moisés se excusó con su tartamudez. Gedeón trató de descali-
ficarse a sí mismo. Jeremías se quejó de la responsabilidad de llevar
una carga profética. Jonás compró un pasaje de ida hacia el otro
lado del Mediterráneo para no tener que dar un sermón que todo el
mundo odiaría en Nínive. ¡No tenía idea de que Dios iba a mandarle
un pez gigante que lo obligaría a regresar a su misión divina!

Y el apóstol Pablo, que fue un fariseo con muy buenas dotes oratorias antes de conocer a Cristo, fue privado de su elocuencia antes
de predicar por todo el Imperio Romano. Él le dijo a los corintios:

"Y estuve entre vosotros con debilidad, y mucho temor y
temblor; y ni mi palabra ni mi predicación fue con palabras
persuasivas de humana sabiduría, sino con demostración

del Espíritu y de poder, para que vuestra fe no esté fundada en la sabiduría de los hombres, sino en el poder de Dios".

—1 Corintios 2:3–5

El evangelista carismático Arthur Katz, escribió sobre el verdadero poder de la prédica en su libro de 1999, *Fundamentos apostólicos*: "El único calificado para predicar [...] es aquel que quiere correr en la dirección opuesta, como Jonás [...]. El hombre que suspira y gime cuando lo llaman a hablar, el que no quiere estar allí, el que se siente terriblemente incómodo [...] es el hombre de cuya boca saldrá con seguridad la verdadera prédica".[2]

Esa, ciertamente, no es la forma en que la mayoría de nosotros ve el ministerio del púlpito en Estados Unidos actualmente. Celebramos a los predicadores que son fluidos y refinados. El efecto de un sermón no se mide por la cantidad de corazones que se logran convencer, sino por lo alto que salta la gente cuando el predicador les dice lo que quieren escuchar.

Este tipo de prédica carnal tal vez se gane el reconocimiento de los hombres, aumente la audiencia de la televisión, e incluso permita la construcción de iglesias enormes. Pero el Reino de Dios no está construido sobre estas cosas. Necesitamos las palabras de Dios. La Iglesia vivirá en hambruna espiritual hasta que vengan predicadores humildes, reacios, débiles y temblorosos que estén dispuestos a dejar que el fuego santo de Dios salga por sus bocas.

Y es solamente el Espíritu Santo el que puede levantar el tipo de predicadores que necesitamos actualmente. Cuando el Espíritu Santo sostiene a una persona, independientemente de cuán tímida o insegura sea, esta se transforma. Si nos atrevemos a pedirle a Dios más del poder del Espíritu Santo en nuestra vida, no debe sorprendernos si Él comienza a vibrar en la frecuencia de nuestro sonido. El Espíritu Santo vuelve valiente a la gente. ¡Y la prédica es el resultado natural de esa valentía!

Esto lo vemos a lo largo del Nuevo Testamento. Jesús primero les dijo a sus tímidos discípulos que se quedaran en Jerusalén hasta que hubieran sido "investidos de poder" (Lucas 24:49). Uno de estos discípulos era Pedro, que negó a Jesús en tres oportunidades después de que fue arrestado, y que después de hacerlo se consideró un fracasado. Pero en el día de Pentecostés, cuando el Espíritu Santo fue derramado sobre los apóstoles, Pedro se levantó y valientemente les predicó un sermón a sus hermanos judíos, que trajo como resultado tres mil conversiones.

¿Alguna vez se ha preguntado cómo Pedro pasó de ser un desertor asustadizo a un valiente predicador? ¡Fue el Espíritu Santo el que lo cambió! Y el Espíritu llenó a los primeros discípulos cuando Pedro y Juan fueron arrestados en Jerusalén. Puedo imaginar que muchos de esos primeros cristianos estuvieron tentados a desaparecer para evitar ser arrestados, como lo hizo Pedro la noche anterior a la crucifixión de Jesús. Pero Hechos 4:31 dice que algo sobrenatural les ocurrió:

> "Cuando hubieron orado, el lugar en que estaban congregados tembló; y todos fueron llenos del Espíritu Santo, y hablaban con denuedo la palabra de Dios".

Fue gracias al Espíritu Santo que esta vez apoyaron a Jesús. El Espíritu no solo sacudió la tierra, sino también los corazones de los primeros discípulos. Los liberó del miedo y les infundió valor. Y ese valor trajo como resultado la prédica. No podían dejar de hablar de Jesús. Esto es lo que ocurre cuando el Espíritu Santo llena a una persona.

Esto fue lo que me ocurrió cuando el Espíritu Santo me llenó por primera vez, siendo apenas un muchacho. Yo había sido un chico muy tímido en la secundaria, pero el Espíritu Santo me transformó. Golpeó el centro de mi ser y puso en mi corazón un fuego sagrado que no podía contener. Fui a la universidad y comencé a compartir mi fe con mis compañeros de clase, incluso con mis profesores. Si veía a alguien en una silla de ruedas, me ofrecía a orar por él. Si iba a alguna tienda, me ponía a darle testimonio al empleado en la caja. Si iba a la playa, podía recorrer la costa de arriba a abajo hablándole de Cristo a gente desconocida.

Una vez, antes de graduarme en la universidad, fui a un bar que estaba cerca de donde estudiaba, en Roma, Georgia. No fui allí a comprar alcohol, sino a hablar de Jesús con alguien. Nunca había entrado a un bar, ¡y ni siquiera estaba seguro de tener la edad mínima reglamentaria para entrar a ese lugar! Pero me senté al lado de un hombre y le pregunté:

—¿Cuál es su relación con Dios, señor?

Aquel hombre desaliñado miró por encima de su vaso, con el ceño fruncido, y gruñó:

—Vengo a lugares como este para huir de gente como tú.

Yo le sonreí y me puse a contarle cómo me había convertido en cristiano. Nunca habría podido hablar de Cristo de una manera tan osada antes de ser bautizado por el Espíritu Santo. El Espíritu de Dios volvió trizas mi timidez y rasgó el velo de mi naturaleza introvertida. Él puede hacer lo mismo por nosotros.

Dios utiliza cuernos de carnero

Desde el momento en que Dios me llamó a predicar, he estado batallando con una profunda inseguridad sobre mi forma de transmitir el mensaje. No suelo electrizar a una multitud, ni llenar estadios, ni hacer que la audiencia convierta mis sermones en tendencias en Twitter. Algunos comunicadores modernos batean jonrones cuando predican. Yo bateo sencillos. O *strikes*.

Durante años me sentí reacio, como Moisés, que se quejó con Dios: "¡Ay, Señor! nunca he sido hombre de fácil palabra" (Éx. 4:10). Durante muchos años el Señor me estuvo empujando fuera de lo que estaba acostumbrado, instándome a abandonar mis miedos, para que pudiera tomar el micrófono voluntariamente. Una vez me dijo: "Yo no te llamé para que prediques como otra persona. Te llamé para que seas tú mismo".

Estoy aprendiendo un secreto incómodo sobre la labor de predicar: quienes tienen el valor de dejar que Dios se exprese a través de ellos, siempre se retorcerán en santa agonía. Predicar el evangelio es una responsabilidad tanto gloriosa como horrorosa.

Cuando hablamos bajo la unción del Espíritu Santo e impartimos las verdades de Cristo, nos acercamos tan peligrosamente a Él, que nuestro orgullo es puesto a prueba.

Esta verdad se revela en la historia de Jericó (Josué 6). Dios le dijo a Josué que organizara una marcha alrededor de la ciudad amurallada durante siete días. El arca de la alianza debía ir adelante, acompañada de siete sacerdotes que tocarían sus trompetas. En el último día, los muros de Jericó se derrumbarían, después que el pueblo gritara.

Los carismáticos hemos espiritualizado esta historia de varias formas graciosas. Algunos pensamos que tocar los shofares (trompetas hechas con cuernos de carnero) en cada servicio puede hacer crecer nuestras iglesias. Otros piensan que deberíamos marchar alrededor de la iglesia cada semana, o gritar toda la noche.

No tengo nada en contra de los gritos, las marchas o los toques de cuernos de carnero, pero no dejemos escapar el tema principal de esta historia: es la prédica poderosa y profética la que echa abajo las murallas de la resistencia espiritual. Debemos proclamar la Palabra de Dios. Y esto solo ocurre a través del poder del Espíritu Santo. Debemos entender estos aspectos relacionados con la historia de Jericó.

Las trompetas eran cuernos de carnero

Dios utiliza las cosas débiles de este mundo para confundir a las fuertes. El apóstol Pablo llamó "locura" a la prédica del evangelio (1 Co. 1:18). Aunque mejorar nuestras habilidades oratorias no tiene nada de malo, no debemos perfeccionarnos hasta el punto de convertirnos en oradores que no tienen nada que decir. No debemos tratar de ser sofisticados. Solo somos cuernos de carnero.

Hoy en día, algunos predicadores estadounidenses sorprenden a sus audiencias con historias espectaculares, fragmentos de películas, gráficas modernas, y publicidad motivacional. Al principio el mensaje suena bien, pero a veces, después de los aplausos, nos damos cuenta de que solo eran un montón de palabras bonitas. Lo que necesitamos actualmente en los púlpitos son menos historias ocurrentes y más súplicas espontáneas, crudas, honestas y manchadas de lágrimas, que salgan de los corazones de hombres y mujeres encendidos por el Espíritu Santo. Los shofares eran fabricados después de haber sido arrancados de los carneros sacrificados. Solo los predicadores consagrados, que han muerto a sí mismos, pueden predicar mensajes que echen abajo las murallas espirituales.

Tal vez usted esté diciendo: "Pero yo no soy un predicador. Yo no estoy detrás del púlpito. Predicar es el trabajo del pastor". Esto es un grave error. Todos los cristianos hemos sido llamados a testificar (Hechos 1:8). Todos tenemos un cuerno de carnero, seamos vendedores, secretarias, maestros, empresarios, o estudiantes universitarios. Todos los creyentes tienen la responsabilidad de predicar.

Las trompetas sonaron durante siete días

A todos nos gustan los sermones que de la noche a la mañana se vuelven una sensación en YouTube, ese tipo de mensajes que hace que el público agite sus pañuelos y baile en el pasillo de la iglesia. Pero el Reino de Dios no está construido sobre un solo sermón exitoso. Cuando el apóstol Pablo predicaba, los resultados no siempre eran inmediatos o positivos. Algunas veces había disturbios y encarcelamiento.

Lo que Dios está buscando no es un único discurso sensacional, sino toda una vida de prédica fiel. Él quiere constancia, no fuegos artificiales. Esos momentos en que la gente agita sus pañuelos son emocionante, pero debemos entender que el Espíritu de Dios también obra en los días silenciosos, cuando nadie grita "¡amén!" y lo único que escuchamos del público son celulares repicando o bebés llorando.

Las trompetas eran tocadas por gente desconocida

La Biblia no nos dice quiénes tocaron las trompetas en Josué 6. Sabemos que esos israelitas jugaron un papel muy importante, pero sus nombres nunca salieron a la luz. Caminaron con dificultad por el seco desierto que rodeaba Jericó, durante siete monótonos días, tocando sus trompetas hasta que se les secó la garganta y se les agrietaron los labios. Y al final, cuando los muros de la ciudad

colapsaron, las Escrituras dicen que fue la fama de Josué la que
aumentó, no la de ellos (Josué 6:27).

Hoy en día necesitamos predicadores que estén dispuestos a hablar fielmente de la Palabra de Dios, sin esperar fama o fortuna.
Si de verdad queremos darle todo el crédito a Jesús, no tenemos
que preocuparnos por nuestra actuación ni por los aplausos. Simplemente debemos hacer nuestra labor. Predicar la Palabra, y los
muros a la larga caerán.

Valor para confrontar

La gente con frecuencia se queja de que los predicadores lucen furiosos. A mí tampoco me gusta escucharlos y estoy de acuerdo en
que si alguien mezcla su sermón con un lenguaje de odio (o si cree
que Dios lo escogió para criticar otras iglesias), está ejerciendo la
profesión equivocada. El mundo necesita escuchar un evangelio
que esté saturado del amor y la compasión de Dios.

Pero en esta época hemos saltado al polo opuesto. Muchos cristianos tienen miedo de confrontar el pecado. Por eso es que necesitamos la valentía del Espíritu Santo.

Muchos pastores no predican sobre el materialismo, porque
pueden ofender a la gente acaudalada que pueda estar en el público,
al igual que a los que compran billetes de lotería todas las semanas.
No pueden predicar sobre la fornicación, porque hay parejas en
su iglesia que viven juntas sin estar casadas. No pueden predicar
sobre la violencia doméstica, porque tienen diáconos que de vez en
cuando golpean a sus esposas. No pueden predicar sobre la homosexualidad, porque nuestra sociedad dice que decir que la homosexualidad es pecado es una muestra de odio.

Y así la lista sigue. De hecho, algunos predicadores evitan utilizar
la palabra *pecado*, porque es demasiado negativa. Y todos sabemos
que la gente quiere escuchar un mensaje positivo.

Esta tentación de diluir el evangelio ha creado una nueva receta
para preparar sermones de moda. La receta comienza con:

- Un poco de discurso motivacional ("¡Nuestro pasado no define nuestro futuro!").

- Añada una medida de gracia barata ("¡No nos enfoquemos en nuestros pecados!").

- Vierta un poco de evangelio de prosperidad ("¡Acérquese al altar y tome su éxito financiero!").

- Aderécelo con un poco de psicología de moda ("¡Todo se trata de nosotros mismos!"); y…

- *¡Voilá!,* terminamos con un extraño masicote pegajoso. Ni un cristiano bebé podría sobrevivir con un brebaje como ese.

A menudo me pregunto cómo vería el apóstol Pablo este nuevo evangelio positivo que ha surgido en Estados Unidos. Justo antes de que lo torturaran, Pablo le dio instrucciones claras a Timoteo, su hijo espiritual, sobre cómo seguir divulgando su mensaje. Le dijo: "Que prediques la palabra; que instes a tiempo y fuera de tiempo; redarguye, reprende, exhorta con toda paciencia y doctrina" (2 Tim. 4:2).

Hoy hemos olvidado las palabras de Pablo. Nuestra regla es: "¡Predica lo que la gente quiere escuchar! ¡Evita la controversia! ¡Acaricia, consuela y apacigua a la gente para que vuelva el próximo fin de semana!" ¿Alguien se ha dado cuenta de que esta dieta espiritual baja en proteínas ha producido una Iglesia anémica?

La prédica de Pablo durante el siglo I fue, sin lugar a dudas, arrojada. Él nunca se cohibió de señalar el pecado. Tampoco tuvo miedo de llamar pecado a lo que era pecado. Pablo sabía que un cristianismo débil produciría cristianos débiles. Él le dijo a Timoteo que la prédica bíblica requería de tres verbos:

- *Reprobar.* La palabra griega utilizada aquí, *elegchó,* significa "condenar, amonestar o exponer" o "mostrarle a alguien su falta". También puede significar "regañar" o "reprender". Alguien que haya sido reprendido por

su madre sabe que el regaño puede ser la forma más
pura de amor.

- *Reprochar.* La palabra *epitimaó* significa "amonestar
  con fuerza" o "acusar de forma estricta". La definición en español es "reconvenir, echar en cara". Y el
  origen de la palabra significa "pegar o golpear". No
  estoy hablando aquí de un predicador que golpea a la
  gente con su Biblia. Pero, ¿cuándo fue la última vez
  que sintió que el Espíritu Santo le golpeó la conciencia
  durante un sermón?

- *Exhortar.* Esta es la palabra más suave de las tres. *Pa-
  rakaleó* puede significar "consolar" o "hacer un llamado". Es la misma raíz de la palabra que se usa para
  describir al Espíritu Santo, que es nuestro Consolador.
  La verdadera prédica bíblica no solo expone el pecado
  y nos advierte de sus consecuencias, sino que también
  nos exhorta a buscar la ayuda de Dios para superar
  nuestras debilidades. Cuando enfrentamos el pecado,
  debemos proveer medios de gracia para la salvación y
  la sanación.

Pablo tampoco tenía miedo de llamar al pecado por su nombre.
Recientemente, hice un sondeo de todas las epístolas de Pablo, para
ver cómo abordaba el tema de la inmoralidad sexual. Descubrí que
confrontó al pecado sexual en diez de sus trece epístolas. Desafió
valientemente el adulterio, la fornicación, la sensualidad y la homosexualidad en una sociedad que estaba saturada de hedonismo.

Pablo no estaba tratando de ganar ningún concurso de popularidad. Si hoy en día estuviera tratando de comprar un espacio en un
medio de comunicación, habría sido rechazado por sus comentarios sobre el sexo. Sin embargo, cuando escribió esas duras palabras,
nos estaba hablando desde el corazón de Dios, con amor, y bajo la
inspiración del Espíritu Santo.

Pablo envió a Timoteo a la decadente ciudad de Éfeso para que fuera pastor de una iglesia nueva que se había formado allí. Pero a Timoteo no se le haría fácil esa tarea. No había duda de que la opresión espiritual era fuerte, ya que Éfeso era centro de adoración de ídolos paganos y rituales de prostitución. Estoy seguro de que el joven apóstol batallaba contra la depresión cada vez que veía a su alrededor y observaba la perversión de ese lugar, mientras se esforzaba en disciplinar a un pequeño grupo de nuevos conversos. Sabemos que Timoteo fue débil y casi cae en la tentación de tolerar el pecado que había a su alrededor. Pero Pablo le escribió en su segunda epístola:

> "Por lo cual te aconsejo que avives el fuego del don de Dios que está en ti por la imposición de mis manos. Porque no nos ha dado Dios espíritu de cobardía, sino de poder, de amor y de dominio propio. Por tanto, no te avergüences de dar testimonio de nuestro Señor, ni de mí, preso suyo, sino participa de las aflicciones por el evangelio según el poder de Dios".
>
> —2 Timoteo 1:6–8

Aquí Pablo nos revela que el Espíritu Santo es la verdadera fuente de la valentía sagrada. Timoteo primero tenía que ser lleno del Espíritu, pero las dificultades de su labor en Éfeso lo afectaron mucho y estuvo tentado a quedarse callado. Pablo le dijo que avivara el fuego del don de Dios. La Nueva Versión Internacional lo dice así: "Que avives la llama del don de Dios". Aunque en el pasado hayamos sido llenos de Espíritu Santo, puede pasar que las preocupaciones y las presiones de la vida amortigüen nuestro sonido. Debemos avivar las llamas para poder reclamar nuestra voz.

¿Necesitamos este arrojo? ¿Nos consideramos una persona tímida? ¿Creemos que Dios puede darnos suficientes fuerzas para hablar valientemente en su nombre, sin que nos preocupe lo que nuestros amigos, familia, o extraños piensen?

Es hora de que desarrollemos nuestra resistencia. Cuando le pedimos al Espíritu Santo que nos llene, Él pone en nuestros corazones un fuego que arde por la verdad y que se niega a hacer concesiones.

Cuando nuestro corazón está lleno del fuego de Dios, predicamos el mensaje de la Biblia, no una versión neutralizada. Cuando estamos en llamas por el Espíritu señalamos el pecado, pero también le mostramos a la gente la única esperanza que tienen para superarlo: nuestro poderoso Salvador, que al morir en la cruz venció al pecado definitivamente.

VALENTÍA PARA TOCAR

Tal vez usted esté tentado a pensar: "Pero yo no soy predicador. Nunca voy a ser pastor, así que yo no necesito la audacia del Espíritu Santo". Esta es una idea equivocada, muy común entre los cristianos. Creen que predicar o compartir el evangelio es trabajo exclusivo del pastor. Pero en la iglesia primitiva, nadie cobraba por predicar. No había iglesias con pastores asalariados. Incluso el apóstol Pablo tenía que fabricar carpas para cubrir sus gastos.

Cada cristiano tiene el deber de participar en la labor del ministerio. Si usted es maestro, está llamado a compartir a Cristo en su escuela. Si usted es empresario o periodista, está llamado a compartir a Cristo en su trabajo. Independientemente de nuestro trabajo, nunca tenemos descanso en nuestra vida cristiana; siempre estamos llamados a brillar en la luz de Cristo con nuestras acciones y nuestras palabras. También debemos recordar que la fuerza del Espíritu Santo no se nos da solamente para que hablemos en nombre de Dios. También necesitamos su fuerza para amar. Esto lo aprendí recientemente en un viaje a la India.

Después de diez días extrañaba mi hogar, pero mi anfitrión en Hyderabad había organizado otra visita importante antes de mi partida. Viajamos durante cuarenta y cinco minutos fuera de la ciudad para visitar a los leprosos que vivían en un edificio abandonado en los límites de la ciudad de Madhapur. El pastor Paul, que lidera una iglesia pentecostal en los alrededores, nos pidió que lo ayudáramos a repartirles mantas a estas personas que viven en la más absoluta pobreza.

Me senté con mis amigos Raja y Sam en unas sillas plásticas, frente al edificio de concreto sin frisar, y los leprosos se aglomeraron a nuestro alrededor, sentándose sobre sucias alfombras en el pórtico. Traté de concentrar mi atención en sus rostros, pero no podía evitar notar la aspereza de sus manos y pies. A algunos les faltaban dedos en las manos y en los pies; otros tenían cicatrices curtidas en el cuello y los brazos.

Las moscas volaban por doquier. Algo en el aire me producía comezón.

Traté de esconder la tristeza que sentía conversando con los leprosos. Me contaron lo dolorosa que era su enfermedad, y la cantidad de años que habían estado padeciéndola. Luego, una mujer enferma señaló a un hombre que estaba a su lado y me explicó que ambos se conocieron y se casaron en la comunidad de leprosos, y que su hijo, que nació allí, no tenía la enfermedad. Luego sonrieron y me dijeron que yo era el primer estadounidense que los visitaba.

Les conté la historia sobre cómo Jesús sanó a muchos leprosos. Era la primera vez que estaba cerca de un leproso y estaba nervioso, aunque todo el mundo me había asegurado que no podía contagiarme de la enfermedad solo por estar cerca de gente infectada. Cuando llegó la hora de darles las mantas, el pastor Paul me pidió que le entregara una a cada uno. Me preguntaba qué pasaría si mi mano rozaba la de uno de ellos.

Cuando me iba, quería abrazarlos a todos, pero el miedo me lo impidió. Mantuve una distancia saludable, hasta que uno de los más ancianos, un tipo de piel oscura, con una barba gris, me tomó de la mano para despedirse. Tenía tocones en vez de dedos, y sostenía un trapo sucio que utilizaba para cubrirse las manos cuando el dolor era muy intenso.

Sonreí, le tomé una de las manos y se la estreché. Esperaba que él no notara el desasosiego en mi rostro. Por dentro, estaba petrificado. Quería buscar agua y jabón lo más rápido posible.

Cuando nos alejábamos en el automóvil, me sentí avergonzado. Pensaba: *¿Por qué no le di la mano a cada leproso? ¿Por qué simplemente no los abracé a todos? ¿Por qué dejé que el miedo a contaminarme bloqueara el amor de Jesús del que les había hablado?*

En la India, millones de personas son consideradas muy poco valiosas para ser tocadas. En la religión hindú, el concepto de la *intocabilidad* es un principio fundamental. Los que están en la base del sistema de castas son llamados *dalits* o "intocables", y en las zonas rurales se les siguen negando los derechos humanos básicos, aunque la discriminación de clases es ilegal.

En los casos extremos, a los *dalits* se les obliga a arrastrar escobas detrás de ellos, ya que sus huellas se consideran impuras. Tienen prohibido entrar a los templos hindúes. Se les dice que ellos se han ganado ese estatus en el fondo de la escala social por culpa de los pecados que cometieron en vidas pasadas.

Esta es una de las razones por la que el cristianismo es algo tan diferente para la gente de la India. A diferencia de los fariseos de su época, Jesús no evitó a los leprosos o a los intocables. Cuando un hombre "lleno de lepra" le rogó a Jesús que lo sanara, la Biblia dice que "extendiendo Él la mano, le tocó" (Lucas 5:12–13).

Jesús era radical con respecto al tocar. Nosotros deberíamos hacer lo mismo.

Los cristianos podemos ser tan distantes como los hindúes cuando juzgamos a la gente, en lugar de ofrecerles misericordia. Mi experiencia en Madhapur me hizo entender que muchas veces he bloqueado el amor de Jesús por culpa de prejuicios arraigados o miedos estúpidos. ¡Perdóname, Señor!

No quiero espolvorear un poco del amor de Jesús por aquí y por allá; quiero que su compasión fluya a través de mí como un manantial que sale a borbotones. No solo quiero hablar de las doctrinas correctas; quiero mostrar amor genuino, del que toca. No quiero ser como los fariseos petulantes; que eran demasiado espirituales para ponerse al nivel de un leproso, una prostituta, un recaudador de impuestos, o un pecador; yo quiero ser como Jesús, que tocó a los intocables.

LA VALENTÍA DE DECIR
UNA ORACIÓN PELIGROSA

Hace más de quince años me encontraba en el altar de una iglesia en Orlando, Florida. Dios había estado luchando conmigo para que saliera de la vida a la que estaba acostumbrado. Tenía un excelente trabajo en una reconocida revista cristiana. Tenía una oficina espaciosa, un buen sueldo, excelentes beneficios, pero me sentía vacío espiritualmente. Sabía que tenía una gran aventura frente a mí, pero había limitado gravemente mi obediencia.

Cuando posé mi cabeza en la alfombra del santuario, me di cuenta de que Dios exigía rendición incondicional. Él quería que yo sacara la bandera blanca. Yo sabía lo que tenía que decir, pero se me hacía difícil encontrar las palabras. Finalmente, las dejé salir. Dije lo mismo que dijo el profeta Isaías en la antigüedad: "¡Heme aquí, envíame a mí!" (Is. 6:8).

Esto es a lo que yo llamo una oración peligrosa. Es un riesgo, porque Dios inmediatamente nos toma la palabra. Creo que cuando pronunciamos estas sencillas palabras, el cielo nos toma una fotografía con los brazos levantados, y comienza un proceso asombroso. Él nos rodea para destruir nuestros miedos y nuestro egoísmo. Cuando dije esa oración en 1998, estando aún en el suelo, tuve una visión. Vi un mar de rostros africanos. Sabía que iba a ir a África, y tuve miedo de morir. No tenía idea de cómo iba a llegar hasta allí, qué iba a decir, o quién pagaría el viaje. Así que tragué grueso y oré de nuevo: "¡Heme aquí, envíame a mí!"

Menos de dos años después me encontraba de pie en un gran escenario de un estadio deportivo en Port Harcourt, Nigeria, hablando ante siete mil pastores. No disfruté el accidentado paseo a lo largo del Sahara, y me temblaban las rodillas cada vez que predicaba. Me sentía como si hubiera sido empujado de una rama. Pero aunque estaba aterrado, mi miedo se mezclaba con un gozo increíble. El Señor había destruido mi resistencia, ¡y me estaba usando! Después de ese viaje, he ido a ministrar en más de treinta países diferentes.

La gracia es muy asombrosa. Dios no solo nos da la fuerza para servirle, sino que planta en nosotros el deseo de rendirnos ante su voluntad, aunque estemos asustados por las consecuencias. Esto fue lo que el apóstol Pablo describió cuando dijo: "Porque Dios es el que en vosotros produce así el querer como el hacer, por su buena voluntad" (Flp. 2:13).

Dios tiene una manera sorprendente de hacer que nos rindamos en obediencia y sumisión. Nuestra carne tal vez proteste; nuestro miedo tal vez nos paralice. Pero al final, si nos rendimos, la gracia toma el control. Él nos da la fuerza, el poder, y un corazón dispuesto. Y el resultado es sobrenatural, porque Dios está trabajando en nosotros.

Jesús enseñó a sus discípulos a cultivar el espíritu de disposición y a decir esta oración peligrosa: "La mies a la verdad es mucha, mas los obreros pocos; por tanto, rogad al Señor de la mies que envíe obreros a su mies" (Lucas 10:2).

Esto es lo que yo llamo una oración capciosa. La decimos bajo nuestro propio riesgo. Cuando le pedimos al Señor que envíe trabajadores a sus campos, lo que realmente estamos diciendo es: "Señor, envía a Mike...o a Chuck...o a Bárbara". Pero el Señor de la mies se acercará y nos dará un toquecito en el hombro, y nos preguntará: "Bueno ¿y por qué no te mando a *ti*?".

La Iglesia ha avanzado a lo largo de la historia gracias a individuos que se han rendido ante Dios. Uno de ellos fue el valiente David Breinard (1718–1747), un misionero que fue enviado a los indios norteamericanos durante el Primer Gran Despertar. A pesar de que murió de tuberculosis a la edad de veintinueve años, su legado de consagración absoluta se ve reflejado en su diario, el cual fue publicado por su amigo, el predicador Jonathan Edwards.

Brainerd escribió esta muy peligrosa oración en su diario: "Aquí estoy, envíame a mí; envíame a los confines de la tierra; envíame a los hostiles y salvajes paganos de la selva; envíame lejos de todo lo que represente comodidad en la tierra; envíame incluso a la muerte misma, si así debe ser, pero que sea a tu servicio, para promover tu Reino".[3]

Hoy en día, casi nunca escuchamos oraciones así. La pasión de

Brainerd actualmente sería considerada un fanatismo políticamente incorrecto. No promovemos la abnegación; tenemos un nuevo evangelio de autorrealización. No hablamos de llevar una carga por los perdidos; nosotros mismos estamos perdidos en nuestro cómodo materialismo.

Me pregunto qué pasaría si todos pronunciáramos la oración de Isaías con total sinceridad. ¿Qué pasaría si levantáramos las manos y abandonáramos todos nuestros miedos, preocupaciones, excusas, condiciones, limitaciones en el altar del cielo, e invitáramos a Dios a que utilice nuestras vidas como le plazca? Le desafío a intentarlo.

Hablemos de esto

1. ¿Se considera usted una persona espiritualmente valiente? ¿Por qué?

2. ¿Lucha contra algún temor de compartir su fe? ¿A qué le tiene miedo?

3. Pablo le dijo a Timoteo en 2 Timoteo 4:2 que predicara la Palabra de Dios con valentía y que estuviera dispuesto a confrontar el pecado. ¿Alguna vez ha tenido que confrontar la conducta incorrecta de alguien? Explique lo que sucedió y cómo se sintió.

4. Pablo dijo que Dios no nos dio un espíritu de timidez. ¿Cómo lo ha ayudado el Espíritu Santo a superar algún miedo en específico?

Una oración peligrosa

Padre, no quiero ser tímido. No quiero esconder mi fe donde no pueda ser vista. No quiero avergonzarme del evangelio. Por favor, enciende mi corazón con el fuego de la valentía sagrada para que pueda ser un testigo ardiente de Jesucristo. Te entrego mis miedos, mis inseguridades, y todas mis excusas. Te entrego mi boca y te pido que la llenes con tus palabras de amor y verdad. Lléname con tu Espíritu para poder ser valiente. Sube mi volumen para que todos a mi alrededor sepan que amo a Jesús y que Él también los ama.

Capítulo siete

APRENDAMOS A MINISTRAR EN EL PODER DEL ESPÍRITU

Cómo fluir en los dones del Espíritu Santo

Tratar de hacer la labor del Señor con nuestras propias fuerzas es la más confusa, agotadora y tediosa de todas las tareas. Pero cuando estamos llenos del Espíritu Santo, el ministerio de Jesús fluye de nosotros.[1]
—CORRIE TEN BOOM (1892–1983)
EVANGELISTA HOLANDESA

HACE UNOS AÑOS, un amigo me invitó a predicar en su iglesia, en Humacao, Puerto Rico. Era el domingo de Pentecostés, así que preparé un mensaje referente al poder del Espíritu Santo. Luego le pedí a Dios que me utilizara de una forma sobrenatural, porque creo que no es posible hablar de los dones del Espíritu si no estamos dispuestos a demostrarlos.

Después de finalizar mi sermón, fijé mi atención en un joven que estaba sentado en la cuarta fila. Yo no lo conocía, pero podía sentir el amor de Dios hacia él. Lo señalé y comencé a darle palabra de profecía sobre cómo Dios quería utilizarlo. Después de eso, les profeticé a otros individuos y oré por muchos más. Luego partí de Humacao.

Un año después, regresé a Puerto Rico para hablar en un retiro de hombres. ¿Adivine quién estaba ahí? El joven a quien le había dado la palabra de profecía. Me enteré de que la primera vez que visitó la iglesia en Humacao fue el día que lo conocí. Ha estado asistiendo a la iglesia desde aquella vez, y ha estado creciendo espiritualmente, debido a que aquel domingo sintió a Dios hablándole de una manera personal.

Una simple palabra de aliento espiritual cambió la vida de aquel joven. Pero, ¿qué habría pasado si ese día yo hubiera decidido "mantener la compostura" y no dar el paso de fe para profetizar? ¿Qué habría pasado si ese día el miedo me hubiera impedido fluir en lo milagroso? ¿Qué habría pasado si yo hubiera decidido simplemente apegarme a mis notas, predicar un bonito sermón y quedarme tranquilo? Me temo que eso es lo que muchos estamos haciendo hoy en iglesias que dicen estar llenas del Espíritu. Decimos que creemos en la Biblia, pero en lo que atañe al Espíritu Santo, nos hemos vuelto cobardes. En un intento por estar a la moda y ser relevantes, hemos reemplazado la unción espiritual con buena música, imágenes, sermones y programas que lucen y suenan bien, pero a los que les falta contundencia espiritual.

El evangelista A. W. Tozer (1897–1963) se lamentó de nuestra falta de unción cuando escribió esta feroz acusación al cristianismo moderno: "Si el Espíritu Santo se retirara de la iglesia moderna, el 95 por ciento de lo que hacemos podría continuar y nadie notaría la diferencia. Si el Espíritu Santo se hubiera retirado de la iglesia del Nuevo Testamento, el 95 por ciento de lo que hicieron se habría detenido y todo el mundo se habría dado cuenta de la diferencia".[2]

En la iglesia primitiva, los apóstoles y sus seguidores conocían la importancia de los dones espirituales. Estas manifestaciones del Espíritu, llamadas *charismata* en griego, eran las herramientas sobrenaturales que utilizaban para fundar iglesias, expulsar demonios, y superar grandes obstáculos espirituales. El libro de Hechos está saturado de historias dramáticas de sanaciones, resurrecciones, y demás milagros asombrosos; los cuales, en su totalidad, impulsaron a incontables personas a adoptar la fe de Cristo. Sin embargo, hoy muchos cristianos se han conformado con una fe a la que se la ha suprimido cualquier cosa milagrosa. Preferimos lo predecible; no tenemos fe en lo sobrenatural, así que no obtenemos nada sobrenatural.

Pocos son los cristianos que hoy han escuchado sobre los dones espirituales. ¡A muchos cristianos incluso les han enseñado que

Dios movió un interruptor en el siglo I para apagarlos! Esta doctrina es conocida como "cesacionismo", y enseña que después de que los apóstoles originales terminaron la Biblia, ya no hubo necesidad de dones espirituales o milagros. Afirman que todos los actos sobrenaturales de Dios "cesaron" repentinamente después de la era del Nuevo Testamento. Una amplia variedad de grupos cristianos evangélicos y fundamentalistas se adhieren a esta idea, y además enseñan que los pentecostales y los carismáticos están equivocados teológicamente porque creen en lo sobrenatural.

Algunos cesacionistas hasta llegan a enseñar que Dios jamás le habla a un cristiano de una manera personal. Ciertamente, no creen en la sanación, ni en la profecía. Algunos de sus líderes más importantes enseñan que hablar en lenguas es cosa del diablo, aunque el apóstol Pablo haya dicho claramente: "Así que, hermanos, procurad profetizar, y no impidáis el hablar lenguas" (1 Co. 14:9).

Es irónico que el cesacionismo sea promovido por los mismos cristianos que enfatizan la importancia del estudio de la Biblia. ¿De dónde sacaron esa idea de que los milagros cesaron? Esta noción fue desarrollada durante la era de la Ilustración, en el siglo XIX, cuando filósofos mundanos hicieron énfasis en el poder de la razón y rechazaron cualquier creencia en Dios o en lo sobrenatural. Durante este período, estas ideas se difundieron en los seminarios, y los maestros que enseñaban la Biblia comenzaron a poner la visión intelectual del mundo por encima de la espiritual. Esto ocurrió no mucho antes de que los cristianos comenzaran a rechazar toda creencia en el milagroso poder de Dios.[3] Mel Wild cita al pastor y autor Jack Deere, que habla sobre la extraña evolución de la enseñanza del cesacionismo, cuando dice: "Si usted encierra a un nuevo cristiano en una habitación con una Biblia, y le dice que estudie lo que las Escrituras dicen sobre la sanación y los milagros, nunca saldrá de esa habitación convertido en cesacionista".[4]

La Biblia nunca sugiere que los milagros hayan cesado. Al contrario, afirma claramente que "Jesucristo es el mismo ayer, y hoy, y por los siglos" (Heb. 13:8). Los mismos milagros que ocurrieron en el libro de Hechos pueden ocurrir actualmente. El mismo Espíritu que trabajó entre los primeros discípulos quiere darnos poder hoy.

NECESITAMOS LOS DONES DEL ESPÍRITU

Si estamos llenos del Espíritu, deberíamos sentirnos cómodos cuando operen los dones del Espíritu Santo, bien sea en una concentración de la iglesia, un grupo en casa, o en la calle. Los tan mencionados dones del Espíritu Santo están enumerados en 1 Corintios 12:7-11, y deberían manifestarse frecuentemente en cualquier iglesia que esté abierta al trabajo del Espíritu. En el siguiente pasaje he resaltado cada uno de los dones:

> "Pero a cada uno le es dada la manifestación del Espíritu para provecho. Porque a este es dada por el Espíritu *palabra de sabiduría*; a otro, *palabra de ciencia* según el mismo Espíritu a otro, *fe* por el mismo Espíritu; y a otro, *dones de sanidades* por el mismo Espíritu. A otro, el *hacer milagros*; a otro, *profecía*; a otro, *discernimiento de espíritus*; a otro, *diversos géneros de lenguas*; y a otro, *interpretación de lenguas*. Pero todas estas cosas las hace uno y el mismo Espíritu, repartiendo a cada uno en particular como él quiere".

Actualmente, necesitamos estos nueve dones en nuestras iglesias.

Palabra de sabiduría

La Iglesia necesita desesperadamente este don, para cambiar los hábitos carnales del hombre por la sabiduría celestial. La palabra de sabiduría no es una palabra cualquiera: se origina en el cielo. Puede venir a nosotros como un instante de lucidez en el que repentinamente entendemos cómo hacer algo que no sabíamos hacer. Puede venir cuando estamos orando por alguien que necesita ayuda urgentemente.

Como escritor, he confiado durante años en estos dones sobrenaturales. Cuando era editor de una revista cristiana, oraba a Dios pidiéndole orientación sobre cómo escribir un artículo. Algunas veces, Dios me mostraba que debía llamar a determinada persona para entrevistarla; otras veces me mostraba un tema sobre el que debía escribir. Dios puede darnos una palabra de sabiduría sobre cómo reestructurar nuestro negocio, reconciliarnos luego de una disputa familiar, resolver un problema financiero o manejar una división en la Iglesia. ¡Su sabiduría es como un pozo profundo que nunca se seca!

Palabra de ciencia

El Espíritu Santo algunas veces revela información que de otra forma no podría ser accesible al hombre. Una vez, cuando estaba hablando en una conferencia de mujeres en California, Dios me mostró que entre las asistentes había una mujer que tenía problemas de infertilidad. Yo no sabía quién era. Pero cuando hice este anuncio, una joven al fondo rompió a llorar. Ella había sufrido tres abortos espontáneos y estaba deprimida porque pensaba que nunca podría tener un bebé.

Yo la llamé a pasar al frente y ella vino acompañada de su madre. Luego oré por ella y rompí el espíritu de la infertilidad. Al año siguiente, me enteré de que había quedado embarazada un mes después del retiro. Cuando la volví a ver, ¡tomé a su pequeña en mis brazos!

El don de la fe

Este no es el tipo normal de fe que necesitamos diariamente. El don de la fe es una habilidad especial para creer en grandes cosas. Una persona que actúe desde la fe sobrenatural descubrirá una capacidad para orar por lo imposible.

A principios de la década de 1980 el misionero holandés conocido como "Hermano Andrew" creía que Dios le había dicho que el comunismo soviético iba a caer. En ese momento no había evidencia de que eso ocurriría. Bajo la dictadura de Leonid Brézhnev, Secretario General de la Unión Soviética, las iglesias cristianas sufrieron una severa persecución. Pero el Hermano Andrew movilizó a la iglesia a nivel mundial para que orara por una salida milagrosa. Él

llamó a esta campaña "Operación Jericó", porque involucraba siete
años de oración intensa.

Después de aquellos siete años de intercesión por la Iglesia, el Muro
de Berlín, que luego de su construcción en 1961 se había convertido
en un ícono de la represión del comunismo soviético, cayó, en no-
viembre de 1989, y la Unión Soviética se disolvió poco después. Con
la caída de la Cortina de Hierro, los cristianos de occidente pudieron
entrar en las áreas soviéticas que habían estado fuera del alcance la
evangelización. Yo creo que todo esto pasó porque un hombre tuvo
el don de la fe para luchar por un avivamiento en Europa Oriental.

Los dones de sanidad

Pablo les dijo a los corintios que hay "dones" (en plural) de sanidad.
He conocido a individuos que tienen un don especial para orar por
las parejas infértiles; otros tienen fe para orar por los enfermos con
cáncer. En mi propio ministerio he visto gente que es sanada de la depresión y los efectos del abuso. Es emocionante saber que Dios sigue
sanando cuerpos, mentes y corazones rotos. ¡Y Dios quiere que la sanidad sea liberada a través de cristianos comunes y corrientes! La sanidad, o sanación, no es un don que Él reserva para una élite.

Con frecuencia suponemos que el don de sanidad requiere la im-
posición de manos. Esto ciertamente puede pasar, pero no es una
regla. Una vez, cuando estaba predicando en Colombia, una mujer
que estaba en el fondo de la iglesia saltó de su asiento y corrió al
baño. Unos instantes después regresó a la iglesia y, mientras todos
observaban, corrió a la primera fila para hablar con mi amiga Nori.

¡Nos enteramos de que esta mujer había sido sanada de forma
sobrenatural mientras escuchaba mi sermón! Había sido víctima de
una violación colectiva hacía muchos años, y presentaba muchos
problemas en su tracto urinario a causa de ese ataque. Esa mañana,
Dios la sanó totalmente. Ella grabó su testimonio en discos de DVD,
que distribuyó en los autobuses públicos de Barranquilla. Su cura-
ción terminó acercando a la gente a Cristo.

El don de hacer milagros

El libro de Hechos documenta una gran cantidad de milagros, así que, ¿por qué deberíamos conjeturar que Dios apagó ese tipo de poder? Él todavía abre las puertas de las prisiones, rompe las cadenas, libera a sus ángeles, abre los ojos de los ciegos, cambia los patrones del tiempo, y libera gente de demonios. No existe un milagro en el libro de Hechos que no pueda ser repetido hoy, si tenemos fe en ello. Si le quitamos lo milagroso a la cristiandad, le mostraremos al mundo un Dios débil. ¡Él sigue siendo un hacedor de milagros!

Una vez estaba predicando para siete mil mujeres, en un estadio en El Salvador. El sol se había intensificado al final de la mañana y muchas de las mujeres habían sacado sus sombrillas para protegerse. Pero yo podía sentir que estaban muy incomodas por el calor. Mientras oraba, el Señor me dijo que me levantara y anunciara que Él iba a mandar una nube para proveernos sombra. Era muy arriesgado decir eso, pero obedecí. Menos de cinco minutos después del inicio de mi sermón, una enorme nube gris vino y se colocó sobre el estadio. Era como si Dios hubiera abierto una sombrilla gigante para las mujeres, ¡Todos sabían que se trataba de un milagro!

La profecía

Este es un don especial, porque a Dios le gusta hablarle a su pueblo. Y Él quiere utilizarnos para que transmitamos su mensaje. Considero el don de la profecía una "exhortación sobrenatural", porque siempre edifica a la persona que recibe la palabra del Señor, incluso si se trata de una corrección.

En 2005 hablé ante una pequeña congregación brasileña en Orlando, Florida. Después de mi sermón vi a un muchacho adolescente que tenía la cabeza recostada de la pared, en actitud de aburrimiento. Dios me dio una palabra para el joven. Lo llamé, le pedí que se levantara, y comencé a hablarle sobre el llamado de Dios para su vida. También le dije que había visto un letrero sobre su cabeza que decía "guerrero" y le recordé que él llevaría el evangelio.

Diez años después, este joven estaba hablando en un retiro de hombres que yo había organizado en una iglesia de Georgia. Su nombre es Felipe, y le contó a la multitud sobre la palabra profética que había recibido una década antes. Explicó que después de eso se empezó a interesar en las cosas espirituales y se convirtió en un seguidor apasionado de Cristo. Comenzó a disciplinar a los jóvenes de su iglesia, y en 2015 se convirtió en el pastor de jóvenes de esa congregación. Lo que realmente me sorprende es que en el escenario de aquel retiro en Georgia había un letrero colgando detrás de Felipe ¡que decía "guerrero"! la profecía a menudo es así de específica; ¡nos muestra que Dios definitivamente está hasta en los más mínimos detalles de nuestras vidas!

El discernimiento (o "discernimiento de espíritus")

Yo le agradezco al Espíritu Santo porque cuando nos dio sus dones de poder, también nos proporcionó una manera de diferenciar entre la obra de Dios y la falsificación demoníaca. No todo lo que es sobrenatural viene de Dios, así que necesitamos discernimiento para protegernos de las falsas profecías y las farsas ocultas. También necesitamos este don para liberar a la gente de las ataduras de los demonios.

Con frecuencia me topo con médicos brujos y sanadores ocultistas cuando estoy en países extranjeros. Una vez, cuando estaba en Nigeria, me di cuenta de que muchos cristianos de Asia, Europa, y Norteamérica estaban acudiendo en masa a las concentraciones de un evangelizador que decía realizar milagros. Sin embargo, cuando escuché hablar a este hombre, leí su revista, y lo entrevisté, detecté algo que me hizo erizar la piel. Sabía que él no era un verdadero seguidor de Cristo.

Mis sospechas se confirmaron cuando hablé con otros prominentes líderes de la Iglesia nigeriana. Me informaron que este hombre era un impostor. Creció siendo musulmán e incorporó la brujería a su sistema de creencias. Era evidente que estaba engatusando a la gente. De hecho, me había enterado de que algunos de los enfermos por quienes él había orado y había declarado "sanos" ¡en realidad habían muerto! ¡Sus oraciones los hicieron enfermar más! No obstante, muchos visitantes internacionales continuaban asistiendo a las concentraciones de este hombre y alababan con entusiasmo sus supuestos poderes espirituales.

Aunque yo creo en el poder de Dios, también sé que Satanás puede hacer milagros falsos. Jesús nos advirtió de falsos profetas como este hombre nigeriano (Mt. 7:15). El discernimiento es un don especial, porque nos permite ver la diferencia entre el verdadero poder de Dios y una falsificación. Actualmente este es un don crucial, porque hay mucha gente que se autodenomina cristiana, pero cuyo mensaje está mezclado con ocultismo, falsas enseñanzas y concesiones sexuales. ¡Debemos estar atentos a los lobos vestidos de cordero!

Hablar en lenguas

Hay "diversos géneros de lenguas" que se mencionan en 1 Corintios 12:10. Los creyentes pueden tener su propio lenguaje privado de oración, pero a algunos se les ha dado el don de hablar en lenguas en concentraciones de la Iglesia. El apóstol Pablo les dijo a los corintios que si una persona da un mensaje en lenguas durante un servicio de la iglesia, este debe ser interpretado para que cada persona pueda ser edificada (Ver 1 Corintios 14:12–13).

También sé de situaciones en las que los cristianos recibieron una habilidad especial para hablar en un idioma extranjero, lo que les permitía comunicar el evangelio. Conozco a un hombre de Kentucky que recibió el llamado para ir a Latinoamérica y recibió la habilidad de hablar español en un día. Pasó muchos años de su vida fundando iglesias en Guatemala, ¡y nunca asistió a una clase de español!

La interpretación de lenguas

Similar a la profecía, este don puede transmitir un mensaje de Dios que fue pronunciado en una lengua extranjera o en el idioma de los ángeles. Me encanta el hecho de que las barreras lingüísticas no limitan a nuestro Dios. ¡Él ama al mundo entero!

Conozco a un misionero que fue a la pequeña nación de Azerbaiyán, en Asia central. Ni él ni nadie de su equipo de ministros hablaba el idioma local. Ellos planeaban pasar algunos meses orando por la estrategia que debían emplear, antes de comenzar a trabajar.

Sin embargo, cuando este hombre y un colega fueron a buscar agua en una villa cerca de su asentamiento, el Espíritu Santo le dijo al misionero que le hablara en su lengua de oración ¡a un hombre de la villa! Él no quería hacerlo, pero el Espíritu le insistió. Cuando el misionero habló en su lengua de oración, sin saber lo que estaba diciendo, ¡el hombre azerbaiyano comenzó una animada conversación con él! Hablaron durante unos instantes, y luego el hombre nativo trajo a un segundo azerbaiyano a la conversación. El segundo hombre le dijo al misionero en un inglés deficiente, ¡que estaba muy feliz de saber la razón por la que el equipo de misioneros había venido a su país! Él dijo que el misionero había descrito tres proyectos que el equipo iba supervisar en el país. ¡La estrategia de Dios para el equipo de misioneros les fue revelada a través del don de lenguas!

¿Deseamos experimentar el poder de Dios? Podemos comenzar pidiéndole que los nueve dones espirituales operen en nuestra vida. Es perfectamente aceptable querer los dones. Dios quiere que sus dones fluyan a través de nosotros, pero nunca nos obliga a utilizarlos. Él desea de nosotros disponibilidad, valor, y sumisión. Permitámosle al Espíritu Santo que acelere su poder en nuestra vida.

Por qué la profecía es tan importante

Cuando Pablo escribió su clásico tratado sobre los dones espirituales, en su primera carta a los corintios, les dijo que procuraran esos dones, pero también les señaló que era especialmente importante que profetizaran (1 Co. 14:1). ¿Por qué es tan especial la profecía? Porque tiene la ventaja particular de traer edificación a la Iglesia. Pablo escribió en 1 Corintios:

"Así que, quisiera que todos vosotros hablaseis en lenguas, pero más que profetizaseis; porque mayor es el que profetiza que el que habla en lenguas, a no ser que las interprete para que la iglesia reciba edificación [...], pero en la iglesia prefiero hablar cinco palabras con mi entendimiento, para enseñar también a otros, que diez mil palabras en lengua desconocida".

—1 Corintios 14:5, 19

En este fragmento de la carta de Pablo, vemos el sentir de este apóstol. Aunque le encantaba el poder sobrenatural de Dios y había visto sanaciones y milagros sorprendentes durante sus años de ministerio, no estaba asombrado por la parte sensacional. Él quería ver a sus seguidores animados y fortalecidos en la fe. Quería que fueran fuertes. Y sabía que el don que les impartiría la mayor fortaleza era la palabra de profecía. Esta trae esperanza, estimula la fe y da vida mucho después de que la emoción del milagro ha pasado.

Cuando estaba en la universidad, recibíamos ocasionalmente la visita de un ministro que predicaba en las reuniones de los viernes en la sede de Georgia, donde yo estaba. A veces, cuando terminaba sus mensajes, señalaba a alguien del público, sonreía y decía algo como: "Tú, el de la camiseta azul. Creo que el Señor tiene una palabra para ti". Y le profetizaba a esa persona.

¡Esto me volvía loco! ¿Cómo podía saber este hombre lo que Dios le estaba diciendo a otra persona? ¿Y si estaba equivocado? Adoro el don de la profecía, porque he sido bendecido con él. Pero recuerdo haberle dicho al Señor en aquel momento que yo nunca, jamás, me pararía frente a un grupo y le profetizaría a alguien, como hacía ese ministro. ¡Era algo demasiado aterrador!

En un viaje que hice a China en el año 2000, el líder de una pequeña iglesia me invitó a una reunión con un grupo de ministros en un hotel. Cuando llegué, la líder le dijo a mi traductor que quería que yo les profetizara a los catorce ministros, que se encontraban sentados alrededor de una mesa. ¡Estaba arrinconado! Dije una oración desesperada: "¡Ayúdame, Señor!". Diecinueve minutos después, había terminado de orar y de profetizar a cada uno de ellos. El Señor utilizó a un estadounidense asustado e inseguro para animar a aquellos valientes guerreros chinos. Y desde entonces he profetizado a mucha gente de esa manera.

Creo que la profecía es un don espiritual poderoso cuando se usa de la manera correcta. Pablo le dijo a los corintios (quienes habían estado abusando de los dones carismáticos) que la profecía genuina tenía tres funciones importantes: (1) edificación, (2) exhortación, y (3) consolación (1 Co. 14:3). Cuando transmitimos una palabra de Dios, esta da aliento a los cansados, da valor a los cobardes y los impulsa hacia el propósito de Dios, o rompe las barreras espirituales. La profecía genuina es una de las armas más poderosas del arsenal de Dios. Pero si no tenemos cuidado, este don puede ser falsificado, bien sea por los artistas de la estafa espiritual, o por cristianos ingenuos que no han demostrado carácter o bases sólidas en la Palabra de Dios. Es por ello que el don del discernimiento debe trabajar todo el tiempo junto con el de profecía.

Si deseamos utilizar el don de profecía, debemos estar seguros de que nuestro deseo es bíblico. Cuando oremos por este don, debemos asegurarnos de que tenemos los motivos correctos. Un verdadero profeta no busca llamar la atención, ni está buscando una plataforma para que la gente lo vea como una celebridad súper espiritual. Un verdadero profeta tampoco va por el mundo corrigiendo a todo el mundo. Aunque un mensaje profético puede ser correctivo, siempre se entrega con un espíritu de amor. Si queremos el don de profecía para ser autoritarios con los demás, o para "arreglar" a todo aquel que no esté de acuerdo con nuestras opiniones, es mejor que le hagamos un favor a todos, ¡y nos mantengamos alejados de ese don espiritual! Los verdaderos profetas ministran con humildad.

Hoy en día, hemos olvidado la importancia de la tutoría. Tenemos universidades bíblicas para los predicadores, pero hemos descuidado el entrenamiento en otros aspectos transcendentales. Hemos presumido erróneamente que si una persona ha sido bendecida con un don espiritual como el de la profecía, este simplemente fluirá a través de ella sin ningún tipo de instrucción.

Si queremos desarrollar el don de la profecía, necesitamos un espíritu que esté dispuesto a aprender, así como la ayuda de muchos tutores. No podemos suponer que sabemos todo. No debemos actuar hasta que hayamos alcanzado suficiente madurez. Es importante observar estas pautas referentes al don de la profecía.

La profecía nunca ha de promover el caos espiritual

Algunas personas actúan raro cuando profetizan, buscando llamar la atención. Algunos se sacuden de forma graciosa, hablan en un tono cariñoso o usan un lenguaje extraño ("¡Vosotros! ¡Escuchadme!"). Está bien que seamos apasionados, pero no hay necesidad de asustar a la gente. No tenemos que profetizar utilizando arcaísmos.

Algunos piensan que deben sacudir la cabeza o gritar para hacerse entender. Esto debió haber sucedido también en Corintia, pero Pablo le puso coto rápidamente. En la época del Nuevo Testamento, los profetas paganos daban discursos eufóricos porque estaban poseídos por demonios. Pero Pablo les dijo a los corintios: "Y los espíritus de los profetas están sujetos a los profetas" (1 Co. 14:32).

Nunca debemos perder el control cuando estemos entregando una palabra de Dios. El fruto del Espíritu Santo incluye tanto tranquilidad como autocontrol. Si estamos profetizando como la Llorona, o estamos siendo influidos por un espíritu religioso, o necesitamos salir del recinto hasta que alguien pueda tranquilizarnos.

La profecía nunca debe abusar de la gente

Algunos que dicen tener el don de la profecía deberían dejar de hablar inmediatamente. Conozco una iglesia en la que una mujer solía dar palabras a los demás, advirtiéndoles de calamidades o juicios personales. ¡Incluso les decía que Dios quería matarlos! Con frecuencia, estos profetas "furiosos" dicen conocer los pecados inconfesos de los demás.

En el Nuevo Testamento, la profecía es utilizada específicamente para confortar y alentar a los creyentes (1 Co. 14:3). Esto excluye la condenación y la crítica destructiva disfrazada de palabra de Dios. Nuestro padre celestial no les habla a sus hijos en un tono odioso o de regaño. Él nos alienta, incluso cuando nos corrige. Debemos recordar que Pablo dijo que si utilizamos el don de la profecía sin amor, ¡no valía de nada! (1 Co. 13:2).

La profecía nunca debe enfocarse en predicciones de los días finales

Dios nunca quiso que la profecía paralizara de miedo a su Iglesia, ni que nos distrajera de nuestra misión. Hemos sido llamados a traer el evangelio al mundo, y nuestro trabajo no terminará hasta que todas las naciones hayan escuchado el mensaje de Cristo. Una palabra profética verdadera trae consuelo, no aprensión. El don de profecía no consiste en predecir la suerte o establecer fechas. Si alguien dice saber cuándo Jesús va a regresar a la tierra, podemos estar seguros de que no está hablando en nombre de Dios. Mateo 24:36 dice: "Pero del día y la hora nadie sabe, ni aun los ángeles de los cielos, sino solo mi Padre".

La profecía nunca debe centrar la atención en el profeta

Hoy en día, en algunos sectores de nuestro movimiento, se ha puesto de moda citar los nombres de ciertos profetas para ganar credibilidad. Después de todo, si un profeta tan renombrado lo dijo, debe ser verdad. Esta glorificación al individuo raya en la blasfemia. Los grupos que enfocan su atención en personalidades hiperespirituales y sus profecías, rápidamente se pueden desviar a un comportamiento de culto.

Muchos profetas se infectan de algo que yo llamo *egocentrismus gigantescus*. Sus revelaciones los convierten en individuos engreídos. Luego, cuando la gente hace fila para escucharlos, se ven obligados a salir con más declaraciones sensacionales, además de nombres, fechas y manifestaciones extravagantes. Dejemos de lado la arrogancia y démosle fuerza a la gente común y corriente de las iglesias locales, para que ellos puedan alentar a otros a través del ministerio de la profecía bíblica.

¿Cómo podemos evitar ser embaucados por falsas profecías y fenómenos espirituales malignos? La mejor manera que conozco es alinear nuestras prioridades con la Palabra de Dios. El propósito de cualquier don espiritual es edificar a la Iglesia para cumplir con la gran comisión. Si nuestra meta principal es ganar almas, fundar iglesias pujantes, y difundir el evangelio a lo largo del mundo, entonces la profecía nos puede ayudar a lograrlo. Pero si nos enfocamos en los dones espirituales como un fin en sí mismos, nuestra distracción nos llevará al peor de los engaños. Volvamos la mirada nuevamente a Jesús.

Debido a los problemas que he mencionado, algunos pastores simplemente se rinden y dejan de lado las profecías en sus iglesias. Prefieren vivir en un ambiente seguro que exponer a su congregación a cualquier posibilidad de una catástrofe profética. Si esta fuera la manera más sabia de actuar, entonces, ¿por qué Pablo no frenó toda expresión carismática entre los corintios? Allí ocurrían todo tipo de manifestaciones: profecías extravagantes, profetas fuera de control, y crudos mensajes.

Pero Pablo pronunció estas palabras vivificantes: "Procurad los dones espirituales, pero sobre todo que profeticéis" (1 Co. 14:1), y finalizó su discurso diciendo: "Procurad profetizar" (v. 39). Apagar los dones carismáticos no es bíblico. En lugar de limitar la manera en la que Dios quiere comunicarse con nosotros, honremos al Espíritu Santo y aprendamos a ejercitar la profecía de la manera en la que Él lo planeó.

Deseemos la unción genuina de Dios

Uno de mis personajes favoritos de la Biblia es Gedeón, porque yo relaciono su lucha con sentimientos de inferioridad. Dios sacó a este pequeño hombre de un hueco en el suelo y lo llamó a salvar a Israel. La clásica respuesta de Gedeón (*¿Quién, yo?*) me recuerda las conversaciones que he tenido con el Señor (ver Jueces 6:11–15). Ninguno de nosotros se siente calificado para hacer el trabajo de Dios, pero sabemos por el ejemplo de Gedeón que los débiles y asustadizos pueden convertirse en valientes guerreros.

He escuchado gente que critica a Gedeón porque dejó un vellón de lana en el suelo y le pidió al Señor, no una, sino dos veces, que le confirmara su promesa (Jue. 6:36–40). Pero la Biblia no dice que Dios se molestara con Gedeón por pedir confirmación. De hecho, Dios le respondió a Gedeón, ambas veces, con el rocío que caía desde el cielo. El rocío era un símbolo del favor de Dios y su bendición.

Sabemos cómo termina la historia. El impresionante ejército de veintidós mil hombres de Gedeón fue reducido a un grupo heterogéneo de trescientos, llevando solo trompetas, vasijas de barro y antorchas a la batalla. Con su victoria sobrenatural sobre Madián, Dios dejó en claro que su unción no tiene nada que ver con la habilidad humana.

¿Cuántos hemos aprendido la lección de Gedeón? ¿Confiamos en el Espíritu Santo para que trabaje en nosotros, o confiamos en la carne? ¿Tenemos el rocío de su unción milagrosa, o hemos fabricado una clase barata de rocío humano para que cumpla esa función?

Hoy muchos cristianos aún no diferencian entre el sudor de la carne y el rocío del cielo, pero son cosas totalmente diferentes. Cuando he orado por unción, me he dado cuenta de que con frecuencia confundimos la unción falsa con la verdadera. He aquí lo que he aprendido hasta ahora:

La unción no está en los números.

Actualmente le damos mucha importancia al tamaño de la iglesia, aunque Dios no parece impresionarse por las multitudes. No tengo nada en contra de las iglesias enormes, mientras prediquen el evangelio. Pero vamos directo al desastre si pensamos que el aforo del recinto refleja la aprobación de Dios.

La unción no está en la elocuencia.

Hay gente que tiene una manera desenfadada de decir las cosas (incluyendo a los motivadores no cristianos), pero la habilidad de persuadir no es lo mismo que la unción espiritual. El rocío del cielo es santo. Trae convicción de pecado y arrepentimiento, no atención hacia nosotros y alimento al ego. La verdadera prédica no exalta al predicador: lo crucifica y pone toda la atención en el Hijo de Dios.

La unción no está en la apariencia.

En el ámbito evangélico actual, los pastores parecen estrellas de rock. Se espera que luzcan *sexys* y todo el equipo de predicación debe lucir vestuarios a la moda. No hay nada de malo en vestirse de una manera que agrade al público, pero espero que no estemos creyendo que el Espíritu Santo se va a impresionar por una manera de vestir moderna. La abuelita que no se viste a la moda, que usa zapatos ortopédicos, puede ser la que tenga una palabra del Señor para la congregación. Pero, ¿le permitiríamos subir al escenario?

La unción no está en la tecnología.

Me encanta utilizar imágenes digitales cuando predico. Pero algunas de las concentraciones más ungidas en las que he estado han sido en países subdesarrollados donde no tienen un servicio confiable de electricidad, mucho menos computadoras o proyectores. Cuando la unción verdadera cae sobre el predicador, este es capaz de hablar durante dos horas sin tener que utilizar videos o imágenes.

La unción no está en la emotividad.

Actualmente, en muchas iglesias, la falta de unción crea un vacío que es llenado con gritos, desmayos y otras clases de teatro religioso. No importa qué se esté predicando, está "ungido" siempre y cuando el predicador lo diga bien fuerte y el público grite (¡Una predicadora que conozco tenía a todo el mundo gritando mientras citaba fragmentos de una canción de Beyoncé!). Recordemos que al regresar a su campamento, los judíos gritaron tan fuerte que la tierra tembló, pero al final del día los filisteos los habían vencido (1 S. 4:5–11).

La unción no está en las manifestaciones ensayadas.

Me encanta cuando el Espíritu Santo hace milagros. Pero cuando alguien finge lo sobrenatural para tener una respuesta del público (o una gran ofrenda), me marcho inmediatamente. Si tenemos temor de Dios, jamás fingiremos que tenemos una unción retorciéndonos, atropellando las palabras, exagerando los hechos en un testimonio, o salpicándonos brillantina en todo el cuerpo.

Hace unos años, un popular predicador carismático habló en una concentración a la que asistí, en una iglesia en Orlando, Florida. Después de su mensaje, pidió a todos los pastores ordenados que corrieran al escenario para imponerles las manos. Inmediatamente, el equipo de fornidos guardaespaldas de este hombre comenzó a agarrar a la gente, arrastrándola al escenario y colocándola en posición, para que el evangelista pudiera orar por todos. Me sentí asqueado al ver este espectáculo. Parecía una versión carismática de la lucha libre de la WWE: ruidos de golpes, cuerpos cayendo, y hurras por parte de la multitud. Pareciera que a los cristianos nos encanta un buen espectáculo, ¡mucho más si es en un escenario! Me ericé mientras observaba esta desagradable escena. Pero antes de que pudiera moverme a un lado del recinto, uno de los esbirros del evangelista, de unas 220 libras (100 kg), me llevó del brazo al escenario. Cuando levanté la vista, el predicador se dirigía hacia mí con los ojos desorbitados y agitando los brazos. Traté de agacharme, pero se me acercó y gritó: "¡En el nombre de Jesús!", y me abofeteó en la cara. Caí al suelo.

Me dolía la cara y el cuello. Yo no había sido derribado en el Espíritu, como algunos observadores creían. Había sido atacado. Este hombre utilizó su propia fuerza para hacerle creer a la gente que me había impartido una unción especial. Lo único que me dio fue un dolor de cabeza.

Debido a esta embarazosa situación, decidí que nunca empujaría a nadie durante la oración, ni siquiera suavemente, ni haría nada para manipular el poder del Espíritu Santo. Quiero al de verdad. No quiero entristecer al Espíritu Santo con falsedades.

Charles Spurgeon se refería a la unción del Espíritu Santo como "algo que no se puede fabricar, y las falsificaciones son más que inútiles".[5] Demos la espalda a las falsas unciones y pidámosle al Dios que le respondió a Gedeón que nos empape con su poder celestial.

Hablemos de esto

1. Pablo hizo una lista de nueve "dones de poder" en 1 Corintios 12:7–11. ¿Alguna vez ha experimentado alguno de estos dones? Mencione una ocasión en la que Dios manifestó uno de estos dones en su vida.

2. Algunos cristianos creen que la sanidad y otros dones espirituales se apagaron después de que los primeros apóstoles murieron. ¿Por qué cree usted que los dones del Espíritu Santo son necesarios hoy en día?

3. ¿Puede usted describir una oportunidad en la que vio el don de la profecía en acción? ¿Este don fue utilizado de una manera espiritual y saludable? ¿Por qué?

4. Explique por qué es importante para los cristianos el ministrar a la gente de una manera amable.

Una oración peligrosa

Amado Espíritu Santo, te doy gracias por no dejarnos desprovistos. Nos has dado todos tus dones para que podamos demostrar tu poder a quienes nos rodean. Quiero experimentar esos dones. Quiero encender y avivar tu unción en mi vida. Quiero experimentar la sanidad, los milagros, la fe sobrenatural, las palabras de sabiduría, las palabras de ciencia, el discernimiento de espíritus, el hablar en lenguas. Y más que todo, quiero profetizar para que la gente pueda ser animada y edificada por tus palabras. Permíteme ser tus manos y tus pies. Permíteme ser tu boca. Fluye a través de mí, como un río, para que la gente pueda conocer el poder de Cristo.

Capítulo ocho

¿ESTAMOS SEGUROS DE QUE QUEREMOS EL FUEGO DEL ESPÍRITU?

El desafío de la santidad personal

La santificación nos hace santos y destruye la semilla del pecado, el amor hacia el pecado y la carnalidad. Nos hace puros y más blancos que la nieve. ¡Bendito sea su nombre![1]
—WILLIAM J. SEYMOUR (1870–1922)
LÍDER DEL AVIVAMIENTO DE LA CALLE ASUZA DE 1906

ALGUNAS PERSONAS SE transforman de la noche a la mañana cuando rinden sus vidas ante Jesús. Lanzas sus drogas por la ventana, se disculpan con aquellos a los que han lastimado, rompen con relaciones tóxicas, dan giros de 180 grados. Me encantan las conversiones rápidas y dramáticas.

Pero para muchos de nosotros, el proceso de cambio es más lento. Aunque nacer de nuevo es en sí misma una experiencia instantánea, la salvación no lo es. No somos "salvados" en un momento emocional en el altar de la iglesia; la Biblia dice que estamos "siendo salvados" todos los días. Como le ocurrió con Lázaro, quien salió de su tumba envuelto en un sudario, podemos experimentar el milagro de la salvación, pero seguir atados. Jesús les dijo a los que estaban cerca de Lázaro: "Desatadle, y dejadle ir" (Juan 11:44). También necesitamos que alguien nos desate.

Este proceso de desatado es conocido como *santificación,* y el Espíritu Santo es quien nos libera. La palabra *santificación* tiene un gran significado, y no es un término que utilicemos con frecuencia hoy en día. La mayoría de la gente nunca ha escuchado esta palabra. Y tal vez pueda parecernos extraño el concepto de invitar deliberadamente a Dios para que se involucre en los detalles intrincados de nuestra vida personal y nos cambie. ¡Esto parece una invasión terrible a nuestra privacidad! Pero si queremos crecer en nuestra relación con Dios, debemos acostumbrarnos a este proceso diario de santificación. Este proceso nunca se detiene. El profeta Malaquías dejó por escrito una de las mejores explicaciones bíblicas del proceso de santificación. Comparó al trabajo santificador del Espíritu Santo con el de un fundidor de metales. Él escribió en Malaquías 3:1–3:

> "He aquí, yo envío mi mensajero, el cual preparará el camino delante de mí [...]. ¿Y quién podrá soportar el tiempo de su venida? ¿O quién podrá estar en pie cuando Él se manifieste? Porque él es como fuego purificador, y como jabón de lavadores. Y se sentará para afinar y limpiar la plata; porque limpiará a los hijos de Leví, los afinará como a oro y como a plata, y traerán a Jehová ofrenda en justicia".

Cuando un fundidor de oro o plata realiza su trabajo, aumenta el calor de su horno y derrite el metal precioso para que la tierra, los restos de otros minerales y demás impurezas puedan flotar en la superficie. Luego los cuela para eliminarlos. En el proceso moderno de refinación, ¡el oro se calienta a 1.064 grados Celsius![2] Después de la primera fundición, el artesano deja que el metal se enfríe y se endurezca. Luego repite todo el proceso. Y luego otra vez. Algunas veces, el oro debe ser derretido siete veces para que quede completamente purificado.

En la vida cristiana, el Espíritu Santo es el fundidor divino. Quizás hayamos sentido que Dios ha aumentado el calor en nuestras propias vidas para liberarnos de varias actitudes, hábitos, o malas intenciones. Él quiere desenterrar las impurezas de nuestro carácter para que podamos reflejar la verdadera imagen de Cristo. La santificación no es divertida; de hecho, nuestra carne sufre cuando intentamos aferrarnos a nuestras costumbres pecaminosas. Pero si nos rendimos al proceso, saldremos refinados.

Yo ministro a un gran número de cristianos que luchan con diferentes cosas. Algunos son adictos a sustancias o comportamientos incorrectos; otros están emocionalmente lisiados por culpa de su crianza; otros aún siguen atormentados por los traumas de su niñez. Con frecuencia, el consejo que nuestros compañeros cristianos dan a aquellos que sufren es insensible e irreal: "Supéralo —les dicen—, si eres cristiano debes luchar contra eso".

Eso es insensato, porque los cristianos también tropezamos. Aunque nos gustaría que el cambio fuese instantáneo, la Biblia habla tanto de la regeneración (la cual ocurre en el momento de la conversión) como de la "renovación en el Espíritu Santo", que es un proceso (Tito 3:5).

Los cristianos también tenemos tendencia al pecado. Nacemos en un mundo pecaminoso, y tenemos una naturaleza inherentemente pecadora. Somos formados por padres pecadores, influenciados por medios de comunicación y entretenimientos pecaminosos, y somos tentados por amigos pecadores para participar en experiencias pecaminosas. También se nos ha lastimado de muchas maneras: abuso sexual infantil, violencia doméstica, divorcio, abandono, dependencia de las drogas, acoso, perversión sexual, rechazo de parte de nuestra familia o cónyuge, estrés, ataques de pánico, y un sinfín de otras dolencias. ¡Somos un completo desastre!

Pero Jesús prometió que nos llevaría paso a paso hacia la sanación. Cuando comenzó su ministerio en Nazaret, abrió su pergamino y leyó: "El Espíritu de Jehová el Señor está sobre mí, porque me ungió Jehová; me ha enviado a predicar buenas nuevas a los abatidos, a vendar a los quebrantados de corazón, a publicar libertad a los cautivos, y a los presos apertura de la cárcel…a ordenar que a los afligidos de Sion se les dé gloria en lugar de ceniza" (Is. 61:1, 3).

Tal vez, usted sea alguno de esos afligidos de Sion. Tal vez sea cristiano, pero ha estado llevando un grillete detrás de usted. Muchos creyentes que luchan contra pecados secretos o con equipaje emocional ocultan sus problemas debajo de la alfombra proverbial y fingen ser libres. Pero esta farsa con frecuencia no termina bien. Si aún es prisionero, por favor, no se esconda entre las sombras. Debemos identificar nuestro pecado, y luego reconocer que el Espíritu Santo nos ha provisto una manera de superar todo aquello que nos ata. Yo le pido a la gente que revise este breve inventario de prácticas pecaminosas:

- *Indisposición a perdonar.* Nunca conoceremos el verdadero perdón de Jesús si albergamos resentimiento hacia los demás en nuestro corazón. La amargura es como un ácido. Corroerá nuestra alma hasta que hayamos perdonado a aquellos que nos hirieron.

- *Miedo y ansiedad.* Mucha gente está traumatizada por experiencias pasadas como el abuso sexual, el acoso, la pobreza, la desintegración de la familia, la violación, los accidentes, la guerra. El Espíritu Santo puede traer paz sobrenatural a nuestras atribuladas mentes y liberarnos de las cadenas del estrés postraumático.

- *Inmoralidad sexual.* Actualmente, un gran porcentaje de estadounidenses están involucrados en sexo fuera del matrimonio. Aunque la sociedad dice que este es un comportamiento totalmente aceptable, el daño psicológico ocasionado por la fornicación, el aborto, la homosexualidad, el adulterio y la pornografía, es real. Las cadenas del pecado sexual son fuertes, pero Jesús puede liberarnos de ellas cuando confesamos nuestros pecados y escogemos vivir en pureza.

- *Involucrarse con el ocultismo.* La participación en alguna forma de brujería (espiritismo, adivinación, adoración de ídolos, o pactos satánicos) abrirá las puertas de nuestro espíritu a influencias demoníacas. Estas cadenas formidables solo pueden romperse por el poder del Espíritu.

- *Depresión y dolor.* Muchos cristianos están atados por un poderoso espíritu de pesadumbre que está vinculado con el rechazo, la decepción, o el dolor. La depresión puede conducirnos al desprecio propio, desórdenes alimenticios, autoflagelación, e incluso suicidio. Sin embargo, Jesús ofrece vida en abundancia y gozo constante.

- *Adicciones.* Tal vez hayamos caído en la trampa de utilizar alcohol, nicotina, marihuana, drogas ilegales, o medicinas prescritas para mitigar nuestro dolor emocional. Pero el Espíritu Santo puede ir a la raíz de nuestro quebrantamiento y sanar nuestra alma.

- *Deshonestidad y orgullo.* Con frecuencia, este dueto es la razón por la que muchos cristianos permanecen prisioneros. Preferimos ocultar nuestros problemas antes que sacarlos a la luz. Debemos recordar que la sanación requiere revelación total.

Dios quiere liberarnos, pero la libertad requiere una honestidad total y la disposición de hablar con alguien sobre lo que nos aqueja. Tal vez necesitemos unirnos a un grupo cristiano de recuperación, buscar un compañero responsable, o tener contacto con un ministro cristiano que se especialice en sanación interna y liberación.

Hoy Dios está llamando a su ejército a que se agrupe. Pero no podemos caminar al mismo ritmo con Él si estamos arrastrando doscientas libras de cadenas detrás de nosotros. Es tiempo de liberarnos.

DEJEMOS IR EL RESENTIMIENTO

Personalmente creo que de todas las fortalezas espirituales que amarran a la gente, el no querer perdonar es una de las más poderosas. La amargura destruye el alma; y así y todo vivimos en una sociedad que aumenta el odio y la ira. El cristiano es tan susceptible de albergar resentimientos como cualquier otro individuo, pero Jesús nos enseñó que la falta de perdón es un pecado serio que aflige al Espíritu Santo. Él dijo en Mateo 6:15: "Mas si no perdonáis a los hombres sus ofensas, tampoco vuestro Padre os perdonará vuestras ofensas".

Recientemente, una amiga me hirió profundamente. Me sentí irrespetado. Traté de fingir que el insulto no había sido la gran cosa, pero por dentro estaba furioso. Siempre me doy cuenta cuando el resentimiento ha invadido mi vida, porque comienzo a obsesionarme con el asunto. Esa noche, cuando me fui a la cama, me sentía molesto. Lo único que podía pensar era en la venganza.

Pero justo antes de quedarme dormido, recité una oración. La dije en serio, incluso aunque mis sentimientos me rogaban que me retractara de mis palabras. Oré: "Señor, ayúdame a perdonar a _____". Esa noche soñé que estaba teniendo una conversación amistosa con esta mujer. Cuando me desperté, ¡sentí como si realmente hubiéramos estado hablando!

Fue un milagro. Me di cuenta de que el sueño había sido un plan de Dios para ablandar mi corazón y llevarse la ofensa. El Señor me dio la gracia de perdonar. Tal vez nos han insultado, ignorado, apuñalado por la espalda, o maltratado, y ahora la amargura envenena nuestro corazón. No dejemos que se ese sentimiento se propague más. Pidamos al Refinador, al Espíritu Santo, que nos ayude a seguir estas recomendaciones:

No debemos alimentar nuestro rencor.

Se siente bien en el cuerpo cuando reproducimos en nuestra mente una ofensa que nos hicieron y fantaseamos con herir a la otra persona. Pero si protagonizamos y dirigimos esta película dramática en nuestra mente, estaremos haciendo la continuación durante meses y años, hasta que la amargura nos haga enfermar. Cancelemos toda la producción inmediatamente.

Debemos abandonar toda venganza.

C. S. Lewis dijo: "Ser cristiano significa perdonar lo imperdonable, porque Dios ha perdonado lo imperdonable en nosotros".[3] Independientemente de cómo nos hayan ofendido, debemos ser lo suficientemente humildes para reconocer que probablemente le hayamos hecho lo mismo a alguien anteriormente. Dejemos de afilar nuestros cuchillos. Sentiremos la tentación de pensar en cómo herir a quien nos ofendió, pero debemos recordar que esos cuchillos nos hieren peor que los demás.

No debemos esparcir nuestra amargura.

A veces necesitamos desahogarnos con un amigo cercano sobre lo que ha pasado, pero no debemos hacer esto con el fin de arruinar la reputación de quien nos hirió. Si decidimos compartir nuestro dolor con alguien más porque necesitamos consejo, no acudamos a alguien que tenga resentimientos hacia la persona que nos hirió. Esto es como mezclar químicos tóxicos. ¡Solo vamos a incrementar el nivel de veneno! En lugar de ello, acudamos a mentores o amigos que sean lo suficientemente maduros para decirnos la verdad. Tal vez podamos sentir que nos están maltratando, pero la mota en el ojo de nuestro hermano realmente puede ser la viga en el nuestro. Un verdadero amigo nos dirá si estamos reaccionando de forma exagerada o si estamos siendo irracionales.

Debemos orar para que le pasen cosas buenas a la persona que nos hirió.

Jesús instó a sus discípulos a amar y a orar por sus perseguidores (Mt. 5:44). Esto es un concepto extraño en estos tiempos en los que eliminamos a un amigo en Facebook solo porque se olvidó de invitarnos a una fiesta. Debemos calmarnos, abandonar nuestra ira mezquina, y pedirle a Dios que bendiga al que nos ofendió. La oración de perdón se sentirá como un cálido bálsamo sobre nuestra herida.

Debemos tender la mano y esperar que se restaure la relación. Jesús coloca la reconciliación en un lugar muy elevado. Él quiere que nos llevemos bien. Si estamos orando y nos acordamos de que alguien hizo algo en contra nuestra, Jesús dijo: "Reconcíliate primero con tu hermano" (Mt. 5:24). Por otra parte, Él dijo que si alguien ha pecado en contra nuestra, debemos ir y reprenderlo en privado (Mt. 18:15).

En ambos casos, Jesús nos ordena confrontar. Y la confrontación nunca es fácil. Preferimos evitarnos. Preferimos "limar nuestras asperezas" fingiendo que ya no tenemos una mala actitud, pero que se encuentra bien oculta debajo de nuestras sonrisas del domingo en la mañana. El verdadero perdón no es limar una aspereza mientras internamente seguimos odiando a la otra persona; es rendir esa aspereza ante Jesús.

Debemos pedirle al amor misericordioso de Dios que llene nuestros corazones.

Una de mis predicadoras favoritas, Corrie ten Boom, se esforzó para perdonar a los nazis que la golpearon en el campo de concentración de Ravensbrück. Después de que los alemanes se rindieron, ella conoció a un exguardia nazi del campamento en una iglesia en Alemania, que le dijo que se había convertido en cristiano. La tomó de la mano y le pidió perdón. Ella no podía mirarlo.

Pero Corrie recordó lo que dice Romanos 5:5: "El amor de Dios ha sido derramado en nuestros corazones por el Espíritu Santo que nos fue dado". Ella se dio cuenta de que cuando no tenemos la capacidad de perdonar, Dios nos da de su amor. Jesús cambió el corazón de Corrie.

Corrie dijo: "El amor de Dios es más fuerte que mi desprecio y mi indisposición a perdonar. En ese preciso instante fui libre. Y pude decirle: 'hermano, dame tu mano', y le estreché la mano, y fue como si pudiera sentir al amor de Dios fluyendo por mis brazos".[4]

Jesús no prometió una vida libre de ofensas. Siempre habrá ofensas. Pero Él nos proveyó una forma de evitar que el resentimiento arruine nuestras vidas. Con la ayuda del Espíritu Santo, podemos tomar la decisión consciente de adoptar una vida de perdón milagroso.

LIDIAR CON EL PECADO SEXUAL EN NUESTRA VIDA

Hoy en día vivimos en una cultura saturada de sexo. Un gran porcentaje de parejas viven juntas antes del matrimonio. Los estudiantes universitarios no piensan en otra cosa que no sea "ligarse" a un(a) desconocido(a). El matrimonio gay fue legalizado en Estados

Unidos en 2015, y la mayoría de los estadounidenses han adoptado todo tipo de experimentación sexual. La pornografía en la internet es más accesible que nunca, y los usuarios de computadoras pueden tener cybersexo con docenas de extraños en una sola noche.

Lo que es más, el medallista olímpico Bruce Jenner se operó en 2015 para convertirse en mujer. Ha sido coronado como una celebridad en los medios. Con su nueva identidad femenina, conocida como Caitlyn Jenner, hizo del transgénero algo aceptable. Ahora la gente se está preguntando por qué el matrimonio tiene que ser entre dos personas. ¿Por qué no entre tres? ¿Por qué no entre dos mujeres y un hombre? ¿Por qué no entre dos hombres y un menor de edad? La gente hoy en día se está preguntando por qué deberían tener algún límite sexual. Y el mismo año en el que el matrimonio homosexual fue legalizado, la popular película *Cincuenta sombras de Grey* intentó legitimar la práctica del sexo violento y el masoquismo. Tal parece que ninguna práctica sexual se considera desviada hoy en día.

Pero solo porque Bruce Jenner, Hollywood, o la Corte Suprema de nuestra nación haya cambiado las reglas del sexo, no significa que Dios lo ha hecho. Las leyes naturales de Dios no se pueden cambiar. Los hombres no pueden votar por ellas, cambiarlas con cirugía, ni lanzarlas fuera de la corte por un tecnicismo. Si rompemos las leyes sexuales de Dios, tendremos problemas. De hecho, la Biblia dice que el pecado sexual tiene consecuencias negativas en nuestra salud. Primera de Corintios 6:18 dice: "El que fornica, contra su propio cuerpo peca".

Gracias a que vivimos en una cultura sexualmente permisiva, mucha gente que adopta el evangelio de Jesús piensa que el pecado sexual no es gran cosa. Minimizamos sus efectos, y algunas veces comprometemos nuestros estándares. Ahora hay denominaciones cristianas enteras que han cambiado los fundamentos de la moralidad bíblica; permiten la cohabitación, justifican el adulterio, o casan a personas del mismo sexo, argumentando que "de todas formas la gente va a hacer estas cosas".

Algunos líderes cristianos incluso han tenido la audacia de sugerir que el Nuevo Testamento realmente no predica sobre el pecado sexual. Me dan ganas de levantarme y gritar: "¿Qué Biblia están leyendo?". La verdad es que casi todas las epístolas del Nuevo Testamento (exceptuando la corta carta de veinticinco versículos a Filemón) contienen palabras fuertes en contra al pecado sexual. Aunque nuestra sociedad ciertamente se ha vuelto decadente, el antiguo Imperio Romano era un sumidero de prostitución forzada, abuso sexual de niños, orgías homosexuales, e incluso bestialismo. A todos los sitios donde el apóstol Pablo viajaba, exhortaba a los gentiles a arrepentirse de sus prácticas sexuales pecaminosas y adoptar la santidad bíblica. Él escribió algunas de las palabras más fuertes sobre el pecado sexual a la iglesia de Tesalónica. Dijo:

"Pues la voluntad de Dios es vuestra santificación; que os apartéis de fornicación; que cada uno de vosotros sepa tener su propia esposa en santidad y honor; no en pasión de concupiscencia, como los gentiles que no conocen a Dios [...]. Pues no nos ha llamado Dios a inmundicia, sino a santificación. Así que, el que desecha esto, no desecha a hombre, sino a Dios, que también nos dio su Espíritu Santo".

—1 Tesalonicenses 4:3–5, 7–8

Nótese que en este pasaje Pablo menciona al Espíritu Santo. Dice que cualquiera que niegue flagrantemente las leyes morales de Dios con respecto a la sexualidad, está rechazando al Espíritu Santo. ¡Esto es cosa seria! Esto nos demuestra que si queremos vivir una vida llena del Espíritu, debemos caminar en la pureza sexual. No podremos experimentar el poder del Espíritu Santo mientras practiquemos alguna forma de pecado sexual. Debemos recordar que el Espíritu Santo ¡es *santo*!, no puede coexistir con el pecado sexual.

Afortunadamente, cuando una persona pone su fe en Jesucristo y se convierte, es perdonada completamente por sus errores sexuales pasados. Un sujeto que ha estado viviendo con su novia puede ser perdonado, pero debe romper con la novia o casarse con ella. Una mujer que ha estado involucrada en una relación lésbica puede recibir perdón y sanación. Un adolescente con problemas, que ha estado cuestionando su identidad de género, puede descubrir el amor de Cristo y comenzar un viaje hacia la transformación.

Cualquiera de nosotros puede ser sanado del pecado sexual, pero cuando nos arrepentimos y confiamos en Jesús, no somos reparados de forma instantánea; simplemente somos perdonados legalmente por nuestros pecados. Seguimos necesitando que el Espíritu Santo, el Santificador, limpie cada parte de nuestro corazón para que nunca más volvamos a caer en ninguna clase de pecado sexual.

Pasos básicos para la libertad sexual

Conozco a un pastor que construyó una próspera iglesia en Florida. Cuando era joven, conoció a Jesús y fue salvado de una vida de crimen y drogas. Él y su esposa se mudaron de Baltimore a Orlando para plantar una iglesia que apuntaba a restaurar a la familia y sacar a los adolescentes de problemas. La iglesia creció rápidamente, más que todo gracias a la predica apasionada de este hombre.

Él aparecía con frecuencia en la televisión cristiana. Pero todo se vino abajo en 2009, cuando fue descubierto teniendo una aventura con una estríper. Ella vivía en Europa, y él había mantenido una relación con ella durante un año después de haberla conocido en una conferencia. Él admitió que fue una "indiscreción", estuvo unas pocas semanas en terapia, pero no se tomó una pausa considerable para su rehabilitación. Su consternada esposa se divorció de él, por causa de su infidelidad.

Solo meses después de su divorcio, el dinámico joven predicador fue encontrado muerto, a la edad de cuarenta y dos años, en una habitación de un hotel en la ciudad de Nueva York. En su habitación había evidencias de uso de drogas. Sus hijos perdieron a su papá, y su congregación perdió a su amado líder. Pero mientras su familia y sus amigos sufrían la pérdida, el gran Cuerpo de Cristo tenía otro vergonzoso escándalo religioso que explicar.

Por supuesto que todo el mundo se estaba haciendo una pregunta obvia: ¿Cómo un predicador se involucra con una estríper? ¿Por qué la cadena de televisión cristiana lo mantuvo al aire después de que su aventura se hizo pública? ¿Por qué su iglesia continuaba atrayendo multitudes, cuando la gente sabía que la conducta del pastor no cumplía los estándares bíblicos de moralidad que deben cumplir los líderes eclesiásticos?

Lo más preocupante era que la gente más cercana a este hombre: los ancianos de la iglesia, los consejeros, y los mentores, no lo confrontaron por su actitud. Estaban tan apresurados por "restaurar" su presencia en el púlpito, que ignoraron que necesitaba sanación personal. Estaban tan dispuestos a exonerarlo de sus fallas, que no pudieron esperar a ver el fruto del arrepentimiento genuino, el cual toma tiempo para desarrollarse en una persona que ha estado viviendo una vida de negación, decepción y pecados secretos. Minimizaron la gravedad del pecado sexual.

Esta clase de escándalos sexuales me entristecen, porque sé que Dios tiene un plan mejor. No solo tenía un mejor plan para ese predicador, sino que también tiene un mejor plan para los innumerables cristianos que sufren silenciosamente de ataduras sexuales de las que no saben cómo librarse. La verdad es que muchos seguidores de Cristo luchan con pecados sexuales ocultos y no saben con quién hablar o a dónde ir para ser sanados.

¿Por qué estamos presenciando esta epidemia de fracaso moral actualmente? Podríamos nombrar muchos factores (el más obvio sería el fácil acceso a la pornografía). Pero no creo que necesitemos una lista de excusas. El diablo no hace que hagamos estas cosas. Para los cristianos, es totalmente posible vivir una vida santa. El poder de la gracia de Dios no se ve afectado por las tendencias de moda o los ataques del infierno.

Debemos invitar al Espíritu Santo a que sea nuestro refinador. Necesitamos su fuego. Jesús puede evitar que caigamos, si confiamos en Él y utilizamos el sentido común bíblico. Los siguientes ocho puntos representan el consejo más honesto que le puedo dar a cualquier creyente sincero, hombre o mujer, que quiera evitar convertirse en una estadística de esta batalla.

Mantenga una relación íntima con Dios.

Puedo garantizarle en un ciento por ciento que ningún hombre o mujer que ore regularmente, adore a Dios íntimamente, lea la Biblia de forma constante, y conozca personalmente la gracia de Dios, puede caer en el pecado sexual. Cuando estamos llenos del Espíritu de Dios, su fuego nos mantiene alejados del fracaso moral. Es solamente cuando una persona pierde su primer amor por Jesús que se desliza hacia los deseos pecaminosos.

Nada enfría más el corazón que la falta de momentos de silencio con Dios. Charles Spurgeon dijo: "Orar hará que dejemos de pecar, o pecar hará que dejemos de orar".[5] Si hemos pasado tiempo con Jesús en la mañana, no vamos a invitar a Dalila a que nos corte el cabello en la tarde. Si estamos demasiado ocupados con el trabajo para orar y leer la Biblia, vamos directo a un naufragio espiritual.

Sea implacable con la tentación.

El apóstol Pablo utilizó un ejemplo atlético cuando enseñó sobre el esfuerzo agotador de resistirnos al pecado. Escribió: "Golpeo mi cuerpo, y lo pongo en servidumbre, no sea que habiendo sido heraldo para otros, yo mismo venga a ser eliminado" (1 Co. 9:27). Si no podemos resistirnos a ver una página en internet de pornografía, espiritualmente estamos en pañales. Si no podemos correr cuando la esposa de Potifar muestre sus encantos (Gn. 39:11–12), necesitamos ejercitar nuestra blanda columna vertebral. Debemos crecer y dejar de ponerle excusas a nuestra débil moralidad.

Jesús sonaba más estricto que el director de un internado cuando le hablaba a sus discípulos sobre disciplina propia. Les dijo: "Por tanto, si tu ojo derecho te es ocasión de caer, sácalo, y échalo de ti; pues mejor te es que se pierda uno de tus miembros, y no que todo tu cuerpo sea echado al infierno" (Mt. 5:29).

Jesús no estaba defendiendo la automutilación. Estaba utilizando el sarcasmo para enfatizar cuan serio es el pecado, e instó a sus seguidores a tomar medidas radicales para evitar las trampas de la tentación. En nuestra sociedad saturada de sexo, establecer límites es más imperativo que nunca.

¿Tenemos problemas con la pornografía? Si no podemos disciplinarnos para evitar páginas de internet provocativas, debemos deshacernos de la computadora. ¿Terminamos en manoseos o sexo con nuestro novio o novia después de besarnos unos minutos? Debemos establecer límites y apegarnos a ellos. Si no podemos apegarnos a las normas, debemos pedir una intervención. Si no lo hacemos, nos dirigimos al naufragio espiritual.

Confiese sus pecados habitualmente.

Durante una conferencia para hombres que organicé en Filadelfia, un hermano compartió valientemente su experiencia de acoso sexual cuando era niño, y manifestó que el trauma de ese abuso lo había llevado a seguir un patrón de vida de fornicación con las mujeres. Después de que compartió su debilidad, docenas de hombres sintieron la libertad de acercarse al altar y confesar sus pecados sexuales. La transparencia es el camino a la pureza sexual. No podemos pretender ser puros si nuestra vida interior es un sumidero de horribles secretos. Debemos contárselo a alguien, para poder librarnos del peso que llevamos encima.

Así que hoy en día muchos creyentes están viviendo con secretos. Muchos fueron acosados sexualmente por parientes o amigos en su niñez, pero nunca han compartido su dolor. Muchos jóvenes están atrapados en el oscuro mundo de la pornografía, pero están demasiado avergonzados para admitirlo. Muchos cristianos luchan contra la atracción hacia personas del mismo sexo y tienen miedo de que los rechacen si confiesan sus pensamientos.

No descubriremos la vida abundante que Cristo prometió hasta que hayamos limpiado nuestro armario espiritual y sacado toda la ropa sucia. Es posible recibir perdón total y purificación, pero la confesión y el arrepentimiento deben venir primero.

Practique "simulacros de incendio" con frecuencia.

Pablo le dijo a Timoteo que huyera de la lujuria juvenil (2 Tim. 2:22). Pero no podemos huir de un edificio en llamas si no sabemos dónde están las salidas de emergencia. Si no planeamos nuestro plan de escapatoria, no correremos cuando estemos frente a una imagen lujuriosa, una página pornográfica, o una propuesta descarada. Cuando enfrentemos la tentación, no juguemos con ella, no hablemos con ella, no la acariciemos, no la analicemos, ni volvamos a visitarla en una hora. Solo cerremos esa puerta con seguro.

Esté alerta a las trampas.

En Proverbios, el autor le dio a su hijo la dirección del domicilio de la mujer adúltera y le dijo que nunca fuera a ningún lugar cercano a esa casa. También le dijo: "Porque los labios de la mujer extraña destilan miel, y su paladar es más blando que el aceite" (Pr. 5:3). La razón por la que muchos grandes cristianos caen en el pecado sexual es que no se dan cuenta del poder engañoso que tiene.

La atracción sexual inmoral nubla el juicio y hace que los hombres y las mujeres hagan cosas realmente tontas que vuelven sus vidas un desastre. Recordemos al rey David. Él asesinó a un hombre para esconder su pecado después de ver a su esposa desnuda y dejarla embarazada (2 Samuel 11). La mejor manera de evitar una potencial aventura extramarital es mantenerse a cincuenta millas de distancia de la persona que está mandado las señales sutiles. No debemos dejarnos seducir por alguien más, ni seguir nuestros impulsos de seducir.

Nunca se ponga en una situación sexualmente comprometedora con una persona que no sea su cónyuge.

No es sabio jugar cerca del borde de un abismo. Sin embargo, parece que los cristianos modernos creen que es espiritual coquetear con el peligro. Cuando Pablo le dijo a Timoteo "huye" de la lujuria juvenil, no quiso decir que se demorara, se rezagara, o perdiera el tiempo. Huir no significa guiñar un ojo, para ver si nos responden con otro guiño. ¡Significa correr por nuestras vidas!

Si tenemos actitudes tentadoras, aconsejamos a la gente del sexo opuesto sin tomar las debidas precauciones, enviamos mensajes de texto de índole sexual, o permitimos que la amistad se enrede con el romance, vamos directo al fracaso moral. Debemos repetirnos esto, una y otra vez: "No seas idiota. No seas idiota". Hay que dejar de ponerse en peligro. Debemos establecer límites, y vivir tan lejos del borde del pecado sexual como sea posible.

Si es un cristiano soltero, no venda su primogenitura.
Perder la virginidad solía ser una cosa seria, pero hoy en día la fornicación es solo un tema en la trama de una comedia televisiva cualquiera. Se considera normal. Se nos considera raros si no hemos tenido sexo a los catorce años. Y si a alguien se le ocurre enseñar en público sobre la abstinencia, se le etiqueta de neandertal.

Si somos solteros, hayamos perdido la virginidad o no, es hora de reclamar nuestra pureza y guardar el sexo para el matrimonio. Nos hemos olvidado de la historia de Esaú, que perdió su primogenitura por un acto estúpido. Intercambió su herencia por un tazón de guiso de lentejas (Gn. 25:29–34). En verdad podemos tirar nuestra vida a la basura con un solo acto de fornicación.

Desarrolle el temor a Dios.
Pablo dijo palabras sobrias a los tesalonicenses que ignoraron sus advertencias sobre el pecado sexual. Les dijo: "Así que, el que desecha esto, no desecha a hombre, sino a Dios, que también nos dio su Espíritu Santo" (1 Tes. 4:8). Más claro, imposible: si no establecemos límites sexuales, estamos en grave peligro.

Lo que la Iglesia actual necesita desesperadamente es un despertar de la conciencia. Muchos cristianos tienen un sentido del juicio distorsionado, no sienten remordimiento divino cuando quebrantan la ley de Dios. Si existe alguna forma de pecado sexual en nuestra vida, huyamos de ella inmediatamente y demos un giro de 180 grados. Dios nos concederá la gracia de vivir una vida de pureza.

El Espíritu Santo puede
liberarnos de un hábito

Afortunadamente, no tenemos que superar nuestros deseos pecaminosos apretando los dientes y esforzándonos más. Esto era lo que se hacía bajo el Antiguo Pacto, y no se experimentaba la libertad.

El Antiguo Pacto era ineficaz porque dependía de la obediencia del hombre. Ahora, que tenemos al Espíritu Santo morando en nosotros, tenemos una ventaja adicional. El Espíritu trabaja dentro de nosotros para eliminar todo hábito y deseo pecaminoso. Esta es la bendición de la santificación. ¡Ya no depende de nosotros! El Espíritu Santo hace el trabajo; solo debemos rendirnos a Él.

El apóstol Pablo, a quien considero el cristiano más grande que haya vivido, fue un pecador. Incluso se llamó a sí mismo el "peor" de los pecadores (1 Tim. 1:15, NTV). Era consciente de sus propias luchas contra el pecado. Dijo:

> "Y yo sé que en mí, esto es, en mi carne, no mora el bien; porque el querer el bien está en mí, pero no el hacerlo. Porque no hago el bien que quiero, sino el mal que no quiero, eso hago".
>
> —ROMANOS 7:18–19

Estoy seguro de que nos podemos identificar con las palabras de Pablo. Todos podemos. Incluso el cristiano más comprometido lucha con los deseos pecaminosos, porque nadie puede alcanzar la perfección en este lado del cielo. Tal vez en un momento estemos predicando un sermón poderoso y a los cinco minutos estamos furiosos con alguien. Quizás en la mañana ayudemos a alguien a conocer a Cristo y en la tarde batallemos contra la lujuria. Todos somos propensos al pecado.

Pero Pablo explicó que el Espíritu Santo nos provee una gran solución para nuestro frustrante dilema con el pecado. El Espíritu ministra en nosotros y nos provee de la gracia que necesitamos para elevarnos sobre el poder de la tentación. Pablo llamó a esto "la ley del Espíritu de vida en Cristo Jesús". Dijo en Romanos 8:2:

> "Porque la ley del Espíritu de vida en Cristo Jesús me ha librado de la ley del pecado y de la muerte".

Pablo dijo que el Espíritu Santo nos da una ley superior que nos eleva por encima de nuestros deseos pecaminosos. Yo la comparo

con la ley de la aerodinámica. Sabemos que la ley de gravedad es real
y que hace que hasta los objetos más livianos caigan al suelo. Pero la
ley de aerodinámica hace posible que un pesado avión pueda cargar
trescientos pasajeros volando sobre las nubes. El avión no rompe
la ley de gravedad, que sigue vigente, pero la ley de aerodinámica
es superior y suplanta a la ley de gravedad. El autor Tony Evans,
cuando escribió su libro *De vuelta al primer amor*, desarrolló aún
más esta analogía:

> "La ley de gravedad es universal hasta que nos subimos a
> un avión. Los hermanos Wright no eliminaron la ley de
> gravedad. Quedó inoperativa al utilizar una ley superior,
> llamada aerodinámica. Si esa ley superior dejara de fun-
> cionar, si un motor se apagara, el avión se precipitaría a
> tierra porque la primera ley no está muerta. Cuando com-
> binamos la combustión del Espíritu Santo con la velocidad
> de la obediencia y el flujo de aire de la santidad, nos ele-
> vamos a un nuevo plano de vida espiritual, porque el poder
> del Espíritu, trabajando en nosotros, trasciende a la ley del
> pecado y la muerte".[6]

Así que tenemos dos opciones: podemos vivir bajo la ley de gravedad y estar todo el día cayendo en la tentación, o podemos poner
nuestra confianza en el Espíritu Santo y "volar por encima" de
nuestras tentaciones. Esta es la verdadera esencia de la vida cristiana victoriosa. El apóstol Pablo explicó este principio de otra manera en Gálatas 5:16–18:

> "Digo, pues: andad en el Espíritu, y no satisfagáis los deseos
> de la carne. Porque el deseo de la carne es contra el Espí-
> ritu, y el del Espíritu es contra la carne; y éstos se oponen
> entre sí, para que no hagáis lo que quisiereis. Pero si sois
> guiados por el Espíritu, no estáis bajo la ley".

Tal vez podemos sentir que nuestros deseos pecaminosos nos
hacen caer constantemente. Quizás hemos sido esclavos de la

adicción durante años; tal vez somos mentirosos compulsivos; tal vez seguimos un patrón de terminar relaciones por causa de los celos o el resentimiento. Esta quizás es nuestra manera de ser, ¡pero no tenemos que seguir siendo de la manera que somos! El Espíritu Santo hace posible que nos elevemos por encima de nuestras tendencias pecadoras. Si seguimos el consejo de Pablo: "Andad en el Espíritu", no tendremos que esforzarnos bajo la pesada gravedad del pecado.

Este es el verdadero secreto de la pureza y la santidad. La vida cristiana no es un intento agotador de vivir de acuerdo con ciertas normas y regulaciones. Es un viaje gozoso junto al Espíritu Santo, permitiéndole que nos eleve por encima de las tentaciones que alguna vez nos dominaron. A través del Espíritu Santo, tenemos la victoria verdadera.

HABLEMOS DE ESTO

1. Sea honesto y hable de un aspecto de su vida que el Espíritu Santo esté refinando en este momento.

2. ¿Por qué es tan importante que el Espíritu Santo nos libere del resentimiento y la indisposición a perdonar?

3. ¿Por qué es peligroso minimizar las consecuencias del pecado sexual?

4. Según Romanos 8:2, ¿cómo el Espíritu Santo nos ayuda a superar un hábito pecaminoso?

UNA ORACIÓN PELIGROSA

Amado Espíritu Santo, eres mi santificador y mi refinador. Deseo tu santidad desesperadamente. Te invito a que me refines. Quiero reflejar el carácter de Cristo. Te doy permiso para aumentar el calor en mi vida. Tal como un refinador derrite el oro y remueve las aleaciones y las impurezas, por favor, haz tu obra de refinamiento y cámbiame. Te entrego cada actitud y acción que no te ha complacido. Libérame del resentimiento, la amargura, la rabia, el orgullo, la lujuria, y cualquier otro hábito pecaminoso que me haya esclavizado en el pasado. Rompe con cada adicción y arráncala de raíz. Permíteme caminar en el Espíritu Santo para no cumplir los deseos de la carne.

Capítulo nueve

LAS BENDICIONES DE TENER UNA LENGUA PERSONAL DE ORACIÓN

Entendamos el don de las lenguas

El Espíritu Santo, como Espíritu de Poder, nos ayuda en nuestra
flaqueza cuando oramos. El Espíritu Santo, como Espíritu de Vida,
pone fin a la oración exánime. El Espíritu Santo, como Espíritu
de Sabiduría, nos libera de la ignorancia en el sagrado arte de
orar. El Espíritu Santo, como Espíritu de Fuego, nos libera de la
frialdad al orar. El Espíritu Santo, como Espíritu de Poder, acude
para fortalecernos en nuestras debilidades cuando oramos.[1]
—LEONARD RAVENHILL (1907–1994)
EVANGELISTA Y AUTOR

EN LA DÉCADA de 1970, cuando yo era un adolescente, comenzó a extenderse por todo Estados Unidos un movimiento llamado Renovación Carismática. Bautistas, episcopales, presbiterianos, católicos romanos, luteranos, y metodistas descubrían el poder del Espíritu en pequeños grupos de oración, grupos de estudio de la Biblia, y concentraciones en los salones de conferencias de los hoteles. El movimiento comenzó en las universidades y en las iglesias pequeñas, pero a los pocos años, millones de individuos ya habían sido tocados por este asombroso fenómeno.

En aquellos días, la gente tenía un anhelo especial por vivir una experiencia profunda con Dios. El actor de Hollywood Pat Boone escribió un libro titulado *A New Song [Una canción nueva]* para dar testimonio de su experiencia con el Espíritu Santo. Un sacerdote episcopal llamado Dennis Bennett ayudó a miles de personas a tener una experiencia más profunda con el Espíritu, luego de que lo despidieran de su iglesia en California por admitir que hablaba en lenguas. Más adelante escribió el libro *Nine O'Clock in the Morning [A las nueve de la mañana]* para describir sus vivencias. Y una novelista presbiteriana llamada Catherine Marshall escribió la obra *Algo más*, en la cual describió su encuentro con el Espíritu Santo.[2]

Nunca conocí a estos cristianos famosos, pero descubrí mi propia versión de ese "algo más" en el verano de 1976, cuando me preparaba para mi primer semestre en la universidad. En ese momento, asistía a una iglesia bautista sureña muy conservadora, en los suburbios de Atlanta. Me di cuenta de que la mujer que enseñaba en la escuela dominical de jóvenes adultos era cristiana carismática, y me volví un tanto receloso con ella (yo no sabía lo que significaba el término *carismático*, ¡me parecía que sonaba a una enfermedad de la espalda!).

Le pedí a esta mujer, que se llamaba June, que me explicara lo que significaba ser bautizado en el Espíritu Santo, y ella me invitó a su casa, donde estuvimos conversando durante dos horas. Me dio muchos libros, incluyendo uno titulado *Why Should I Speak in Tongues? [¿Por qué debería hablar en lenguas?]*. Más adelante, supe que el autor de ese libro había sido un bautista del sur.

Nunca olvidaré cuando June abrió su Biblia desgastada. Noté que había muchos versículos resaltados en amarillo, azul y rosa, y que June había escrito notas en todas las páginas. Nunca había visto un libro con tantos apuntes. Recuerdo que pensé: *¿Por qué alguien rayaría su Biblia así?* No me daba cuenta de que June tenía una relación muy íntima con el Espíritu Santo y que Dios le estaba dando una mejor percepción de las Escrituras. Lo entendería después.

June me señaló Juan 7:37–39, que estaba resaltado en amarillo:

> "En el último y gran día de la fiesta, Jesús se puso en pie y alzó la voz, diciendo: Si alguno tiene sed, venga a mí y beba. El que cree en mí, como dice la Escritura, de su interior correrán ríos de agua viva. Esto dijo del Espíritu que habían de recibir los que creyesen en él; pues aún no había venido el Espíritu Santo, porque Jesús no había sido aún glorificado".

Como bautista, entiendo la salvación. Sé que he experimentado el milagro de la conversión, o lo que Jesús llamó "nacer de nuevo", pero June me explicó con este pasaje que había una segunda experiencia después de la salvación. Jesús les dijo a sus seguidores que el Espíritu no solo estaría dentro de ellos, sino que también *los llenaría* y *fluiría de ellos* como un río. Mientras escuchaba a June, entendí que Dios tenía más cosas para mí. ¡Y yo las quería, a como diera lugar!

Después de leer los libros que June me dio, así muchos otros pasajes de la Biblia relativos al Espíritu Santo, descubrí que mucha gente en el Nuevo Testamento estaba llena del Espíritu. Los 120 creyentes que se reunieron en el aposento alto el día de Pentecostés para orar después del ascenso de Jesús a los cielos (Hechos 2:1–4) fueron llenos, al igual que el apóstol Pablo y los primeros cristianos en Roma, Corinto, Filipos, Tesalónica y Colosas.

¡Toda la Iglesia del Nuevo Testamento fue llena del Espíritu Santo! En aquellos días, ese era el cristianismo normal. Me sorprendió conocer esta verdad, porque mi iglesia no enseñaba nada sobre el Espíritu Santo y yo nunca había escuchado sobre nadie que hubiera sido lleno del Espíritu. Mi primera pregunta para June fue: "¿Por qué nadie me había hablado sobre el bautismo en el Espíritu Santo?". June era muy graciosa y nunca criticó a mis amigos bautistas. Me dijo que tampoco nunca nadie le había enseñado.

También aprendí de June que la gente que ha sido llena del Espíritu Santo experimenta manifestaciones sobrenaturales del Espíritu (los dones que leímos en el capítulo siete). ¡Estos dones eran algo muy extraño para mí! Pero Dennis Bennett, el sacerdote episcopal, decía en su libro *Nine O'Clock in the Morning* que cualquier creyente que estuviera hambriento de Dios podía tener una lengua de oración privada y personal.

Al día siguiente, decidí releer lo que ella me había anotado sobre cómo nos llena el Espíritu Santo. Leí una cita donde el propio apóstol Pablo se ufanaba ante los corintios: "Doy gracias a Dios que hablo en lenguas más que todos vosotros" (1 Co. 14:18). Me causó una gran impresión que el mismo apóstol que tanto escribió en el

Nuevo Testamento fuera "carismático", y que hablara en una lengua angélica, desconocida, cuando oraba en privado.

Fui criado en la Iglesia Bautista, y siempre creí en la importancia de la Biblia y la reconocí como la Palabra inspirada de Dios. Todos los pastores que conocí cuando era niño me decían: "Tienes que creer en la Biblia". Pero nunca me hablaron del bautismo en el Espíritu Santo, la sanación divina, el don de lenguas, el don de profecía, ni ninguno de los términos nuevos que estaba conociendo. No tenía idea de que estos conceptos eran bíblicos.

Inconscientemente, supuse que los pentecostales y los carismáticos eran gente sin educación, que corrían por toda la iglesia y chillaban en un frenesí emocional. Pensaba que hablar en lenguas era solo soltar una especie de jeringonza sin sentido. Pero después de hablar con June, me di cuenta de que había juzgado mal esta experiencia y a la gente que afirmaba conocerla. ¡Ellos solo seguían los pasos de los primeros apóstoles!

Después de convencerme de que esta era una experiencia con bases bíblicas sólidas, decidí que quería dar el salto. Deseaba ardientemente recibir más de Dios. Salí de mi iglesia una cálida noche y me senté en la cancha deportiva, completamente solo. Levanté los ojos al cielo nocturno y dije una sencilla oración: "Señor, soy tuyo, y quiero todo lo que tienes para mí. Lléname con tu Espíritu".

No escuché el sonido de un viento raudo. No hubo ruido de truenos ni llamas de fuego pentecostal. Lo único que sentí esa primera noche fue una paz abrumadora. Pero al día siguiente, cuando estaba orando en mi habitación, pude notar que una lengua celestial hacía ebullición en mi interior. Abrí la boca y las palabras salieron a borbotones.

No tenía idea de qué estaba diciendo. ¡Sonaba como algo en idioma sueco! Sin embargo, cuando oré en lenguas me sentí más cerca de Dios. Y cuando leí en el Nuevo Testamento sobre el fenómeno de orar en el Espíritu Santo (Judas 1:20), aprendí que es un extraordinario don espiritual que edifica al creyente. El mismo Pablo escribió: "El que habla en lengua extraña, a sí mismo se edifica" (1 Co. 14:4).

Mi relación con Dios se había revitalizado. Fue como si una

corriente de electricidad hubiera sacudido mi relación con el Señor, y me sentía diferente. Desde aquella noche, he hablado en lenguas incontables veces y he conocido a cientos de personas que han tenido esta misma experiencia. Muchos de ellos oran en el Espíritu todos los días. Son gente común y corriente: estilistas, políticos, inmigrantes, doctores, abogados, meseras, profesores, atletas profesionales, músicos célebres e incluso empresarios acaudalados. El Espíritu Santo da poder a todo tipo de personas, independientemente de su raza, nivel de educación o entorno económico.

Hoy en día no tengo miedo de admitir ante cualquiera que tengo este don. Pueden llamarme fanático o raro, pero si lo hacen tendrán que hacer lo mismo con el apóstol Pablo y con los primeros discípulos de Cristo. La primera Iglesia estaba llena del Espíritu Santo, y nosotros deberíamos interesarnos más en seguir ese modelo que en edulcorar las cosas para atraer a nuestra cultura escéptica. La gente necesita saber que hoy en día el poder de Dios es real.

Lo más importante de este paso monumental que di en mi viaje personal con Jesús no fue que aprendí a hablar en lenguas, sino que el Espíritu Santo me llenó con su poder hasta rebosar. Esto es lo que ocurre cuando somos bautizados en el Espíritu Santo. Se nos dan poderes sobrenaturales para dar testimonio de Cristo. El Espíritu que ya está en nosotros nos llena hasta desbordarse como un río.

Esta experiencia cambió mi relación con Dios y me abrió las puertas a un estado de mayor comunión con Él, un estado que jamás había conocido. Si anhelamos más, podemos pedirle a Dios que nos llene. He incluido al final de este capítulo una oración que usted puede decir para recibir el bautismo del Espíritu Santo.

¿QUÉ PASA SI NO OBTENEMOS EL DON DE LENGUAS INMEDIATAMENTE?

Dos veces al año enseño en una escuela ministerial en Pensilvania. Recientemente, después de una de mis clases, un joven de veintidós años, procedente de Maryland, me preguntó si podía orar por él. Él me había escuchado decir que fui bautizado en el Espíritu Santo a la edad de dieciocho años, y quería tener la misma experiencia. Le intrigaba particularmente la idea de hablar en lenguas, algo que él nunca había hecho, aunque se sentía cómodo alrededor de otros compañeros de clase que tenían ese don espiritual.

Este joven, Eric, entendía que él ya tenía al Espíritu Santo. Pero sabía que Jesús nos ofrece más; que el bautismo en el Espíritu Santo es una segunda experiencia en la que la plenitud del poder divino de Dios nos satura y nos unge para el ministerio sobrenatural.

Le expliqué a Eric que hace muchos años, cuando oré por esta bendición, Dios no forzó nada. No *tenemos* que hablar en lenguas y, ciertamente, Dios no va a hacer que movamos la boca en contra de nuestra voluntad. Nosotros abrimos la boca, pero es el Espíritu el que nos da esta inusual lengua celestial. La *glossolalia* (palabra griega para las lenguas espirituales) no tiene sentido en nuestras mentes carnales, más bien suena más como a jerigonza, pero la Biblia dice que orar en el Espíritu nos fortalece profundamente (1 Co. 14:2-4).

Le impuse las manos a Eric en el auditorio. Le pedí a Jesús que lo llenara de su poder divino y que liberara el lenguaje del Espíritu Santo. Nada pasó en ese momento, pero le dije a Eric que estuviera atento. He aprendido que, la mayor parte de las veces, la liberación del Espíritu llega con más facilidad cuando la gente no está distraída con la multitud. Algunos simplemente son tímidos. Animé a mi amigo a que se fuera a su casa y orara un poco más.

Un par de días después, recibí un correo electrónico de este hermano comunicándome que un pequeño milagro había ocurrido en su vida. Escribió:

"Gracias por orar para que yo pudiera hablar en lenguas. Esa noche fue interesante, porque las frases comenzaron a estallar dentro de mi cabeza. Estaba decidido a lograrlo. Comencé a pronunciar las frases, y ya la noche siguiente estaba hablando en lenguas mientras me quedaba dormido. Ahora, cuando no estoy adorando, orando, comiendo, o hablándole a alguien, estoy practicando este don. ¡Alabado sea el Señor!".

Muchos hemos caído en la trampa de restarle importancia al fenómeno de hablar en lenguas, incluso después de haber recibido el don. Tal vez consideremos que causa divisiones (y ciertamente puede ocasionarlas cuando abusamos de él), o estamos avergonzados porque parece algo raro o fanático para nuestros amigos o familiares.

Sin embargo, cuando leí los comentarios del apóstol Pablo acerca de las lenguas, me di cuenta de que la *glossolalia* era un componente clave de la Iglesia del Nuevo Testamento. Nadie lo puede negar. Este extraño don no solo cumplió un rol fundamental el día de Pentecostés, cuando nació la Iglesia, sino que también avivó el entusiasmo personal de Pablo. Él no estaba fanfarroneando cuando escribió: "Doy gracias a Dios porque hablo en lenguas más que todos vosotros" (1 Co. 14:18). Probablemente oraba en lenguas durante horas. Sabía que no podía desarrollar su extraordinario ministerio si no tenía una vida devocional privada, que estuviera empapada de oración sobrenatural.

Fue por ello que también escribió: "No impidáis el hablar lenguas" (1 Co. 14:39). Él sabía que aunque algunos estuvieran tentados a utilizar este don indebidamente (y por eso es que usualmente la gente lo restringe), nunca deberíamos apagarlo.

Eliminar el don de lenguas puede tener un efecto inmediato en el flujo milagroso de la unción del Espíritu en la iglesia, como si se bajara un interruptor de circuito y se apagaran todas las luces. Pero las lenguas no nos hacen más santos que a los demás. De hecho, si no mostramos amor y carácter cristiano, este don se convierte en algo inútil, como un metal que resuena (1 Co. 13:1). Pero, cuando se representa apropiadamente y se modera con humildad, este aparentemente insignificante don del Espíritu Santo se convierte en un arma atómica invisible.

No estoy diciendo que debemos exhibir las lenguas en concentraciones de la iglesia, gritarle a la gente en lenguas, o hacer sentir a los demás como unos inadaptados si no han experimentado este don. Cuando los corintios exhibieron las lenguas en tarima y convirtieron sus concentraciones en circos caóticos, Pablo los reprendió severamente. Pero el mismo apóstol que les advirtió a sus seguidores no hacer alarde en público de las lenguas, también pasó incontables horas orando en lenguas, en privado. Lo hizo porque es una fuente vital de poder espiritual que no se debe descuidar.

El joven que conocí en Pensilvania tenía un gran llamado en su vida para alcanzar a otros en nombre de Jesús, y será más efectivo en su ministerio ahora que ha añadido esta incomprendida arma espiritual a su arsenal. Oro para que usted también descubra el valor que tiene.

SEIS COSAS QUE PUEDEN IMPEDIRNOS RECIBIR EL BAUTISMO ESPIRITUAL

Hace unos años, cuando estaba predicando en una iglesia en el centro de California, un joven llamado Marcus vino al altar para ser bautizado en el Espíritu Santo. Deseaba profundamente energizar su vida espiritual. Alguien oró por él un instante, pero no nada pasó.

Me acerqué al joven unos minutos después y le dije que oraría un poco más por él después de que terminara la concentración. He aprendido que algunas veces hay obstáculos que pueden impedirnos recibir la plenitud del Espíritu, así que siempre trato de discernir qué es lo que se debe retirar del camino.

En el caso de Marcus, él estaba lidiando con un gran dolor emocional porque su padre había abandonado a la familia. Él quería que Dios lo bautizara en el Espíritu Santo, pero el dolor del rechazo era como una gran herida que necesitaba atención de forma urgente. Tan pronto comencé a abordar este problema, Marcus comenzó a llorar en mis brazos.

Después de que oramos un rato por los problemas con su padre y él recibió la sanación que necesitaba, el Espíritu Santo llegó rápidamente. Su corazón se llenó de un gozo nuevo. Y una nueva lengua celestial comenzó a derramarse de su boca. Lo alenté a orar en lenguas mientras recibía la unción del Espíritu.

He visto esto muchas veces. Mucha gente quiere más de Dios, pero hay ciertas cosas que se lo impiden. Tenemos que ser sensibles en cada situación, para estar seguros de que alguien está listo para recibir la bendición del poder del Espíritu. Si tenemos problemas para recibir esta llenura sobrenatural, debemos asegurarnos de que no tenemos un obstáculo que lo esté impidiendo.

He aquí algunas razones que nos pueden impedir recibir el bautismo del Espíritu Santo:

Dudas u orgullo intelectual

En la década de los 60, un periodista llamado John Sherrill decidió escribir un libro que desacreditaba el fenómeno del don de lenguas. Pero después de entrevistar incontables personas para que le relataran esta experiencia, todas sus dudas fueron disipadas, ¡y fue bautizado en el Espíritu Santo! Su libro *They Speak With Other Tongues [Ellos hablan en otras lenguas]*, se convirtió en un clásico cristiano. La mente no puede entender las experiencias espirituales.[3] Para ser llenados con el Espíritu, debemos abandonar nuestros argumentos intelectuales y mostrar una fe como de niños (Mt. 18:2–4).

Tradición religiosa

Conocí a un sacerdote episcopal que había sido lleno del Espíritu Santo en la ciudad de Nueva York, en la década de los 70. Estaba emocionado por la revitalización de su fe, y porque su esposa había experimentado sanación física. Pero cuando compartió su testimonio con su obispo, este le dijo que estaba loco. ¡El obispo lo envió a un psiquiatra! A los religiosos que están encerrados en la mentalidad de "así es como siempre lo hemos hecho" se les hace difícil recibir la unción del Espíritu Santo. Debemos estar dispuestos a liberarnos de la tradición.

Miedo a lo sobrenatural

Algunos cristianos crecen en denominaciones que se oponen al bautismo del Espíritu Santo. Se les dice que los pentecostales son fanáticos que caen en trances, hablan en jergas incomprensibles, y actúan extraño. Pero los primeros discípulos del Nuevo Testamento hablaban en lenguas y experimentaban milagros, y su fe no se consideraba extraña. ¡Lo sobrenatural debería ser lo normal! La gente que tiene miedo del poder de Dios, tendrá dificultades para recibirlo.

Pecados inconfesos

La Biblia nos dice que el Espíritu Santo puede ser "apagado" y "contrito" (1 Tes. 5:19, Ef. 4:30). Como Él es tan santo, nuestros hábitos y actitudes pecaminosas pueden hacer que Él se retire. Es por eso que es tan importante para nosotros caminar en comunión constante con Dios. Para hacerlo, debemos estar dispuestos a arrepentirnos rápidamente cuando sepamos que hemos pecado. Algunos esconden sus pecados secretos en el armario de sus corazones. Si queremos ser llenos con el Espíritu, debemos estar dispuestos a abrir esos armarios e invitar a la luz de la santidad de Dios a que ilumine cada rincón de nuestras vidas.

Heridas emocionales

Mucha gente es como Marcus, el joven por el que oré en California: simplemente llevan un bagaje emocional tan pesado, que no pueden ser llenos del Espíritu. Algunos han sido víctimas de abuso; otros han sido abatidos por la ansiedad. Otros están sufriendo o están deprimidos. Primero, deben ser sanados. Están atados, como lo estuvo Lázaro el día en que fue resucitado, envueltos en el sudario de su pasado, y deben ser desatados antes de poder experimentar la unción total de Dios (ver Juan 11:44). A menudo, es necesario que alguien sea sanado antes de recibir la bendición del bautismo del Espíritu Santo.

Un espíritu inflexible

Hay gente que está decidida a recibir la plenitud del Espíritu Santo, pero no le han entregado sus planes, sus finanzas, sus relaciones ni su tiempo a Dios. Han planificado sus vidas, y no quieren que Dios interrumpa sus agendas. Pero Dios quiere colmar los corazones que se han rendido a Él. Solo si nos entregamos totalmente podremos experimentar la plenitud del poder de Dios.

Si no hemos recibido el bautismo del Espíritu Santo, o si el flujo del Espíritu está bloqueado en nuestra vida, debemos vaciar nuestro corazón hoy mismo y prepararnos para nuestro propio Pentecostés personal.

Si quiere ser lleno del Espíritu Santo, le invito a decir esta oración ahora. Puede orar solo o, si está estudiando este libro con un pequeño grupo, los otros miembros del grupo pueden orar por usted. Solo debe recordar los siguientes puntos antes de pedirle este milagro a Dios:

- Si somos cristianos, ya el Espíritu Santo habita dentro de nosotros. No le estamos pidiendo al Espíritu Santo que entre a nuestra vida. Estamos pidiéndole que llene cada parte de nosotros y que nos dé poder con su unción sobrenatural. Jesús les dijo a sus discípulos: "quedaos vosotros en la ciudad de Jerusalén, hasta que seáis investidos de poder desde lo alto" (Lucas 24:49). ¡La llenura del Espíritu nos da el poder!

- No tenemos que esforzarnos para recibir el bautismo del Espíritu Santo, ni realizar alguna acción para calificar para ello. Es un don gratuito provisto por la misericordia de Dios. Pero debemos asegurarnos de que nos hemos arrepentido de todos nuestros pecados conocidos y que hemos abierto completamente nuestro corazón al plan de Dios para nuestra vida.

- Debemos recordar que recibimos este don por la fe. No busquemos emociones, que se nos ponga la piel de gallina, o cualquier otra clase de sentimiento para validarlo. Algunos sienten cosas cuando son llenos con el Espíritu, otros no. Lo más importante es que recibamos el poder prometido por Dios.

- La mayoría de los que están llenos del Espíritu Santo comienzan a hablar en un lenguaje celestial cuando oran. Esto quizás ocurra inmediatamente, pero debemos recordar que Dios no hace que movamos la boca. La Biblia dice que cuando los primeros discípulos fueron bautizados con el Espíritu, "comenzaron a hablar en otras lenguas, según el Espíritu les daba que hablasen" (Hechos 2:4). Ellos hablaban, pero las palabras venían de Dios. Tal vez comencemos a escuchar palabras inusuales en nuestra mente, o quizá parezca que las palabras se están agrupando en nuestro espíritu, pero debemos abrir nuestra boca y decirlas. Cuando lo hagamos, ¡el poder de Dios fluirá como un río a través de nosotros!

HABLEMOS DE ESTO

1. Jesús dijo en Juan 7:37-39 que Él quiere que su Espíritu Santo fluya como ríos de todos los que creen en Él. ¿Qué cree usted que significa esto?

2. ¿Ha sido usted lleno con el Espíritu Santo? Si es así, comparta brevemente su experiencia.

3. Si usted no ha sido lleno con el Espíritu, ¿le gustaría serlo? ¿Qué cree usted que puede estar impidiéndole vivir esa experiencia?

UNA ORACIÓN PELIGROSA

Jesús, quiero todo lo que tienes para mí. Ahora mismo te pido que me bautices en el Espíritu Santo. Lléname con todo tu poder y tu unción sobrenatural. Dame el lenguaje sobrenatural del Espíritu Santo. Rindo cada parte de mi vida a ti y te pido que me envistas con tu poder, y permitas que los dones del Espíritu Santo fluyan a través de mi vida. Recibo la plenitud de tu Espíritu Santo ahora, en el nombre de Jesús. Amén.

Capítulo diez

MANTENGÁMONOS ENCENDIDOS EN LA TEMPORADA DE SEQUÍA

El Espíritu Santo construye nuestro carácter

Cuando toda la naturaleza descansa, cuando no se mueve ni una hoja y en la noche cae el rocío, y no hay ojos que vean las gotas perladas descendiendo, y no hay oído que las escuche cayendo en el verde césped, así desciende el Espíritu sobre el que cree. Cuando el corazón descansa en Jesús, oculto, sin ser escuchado por el mundo, el Espíritu viene y llena suavemente el alma del creyente, estimulando todo, renovando todo.[1]
—ROBERT MURRAY M'CHEYNE (1813–1843)
PREDICADOR ESCOCÉS

ESTE LIBRO SE ha enfocado casi totalmente en ayudar al lector a iniciar una experiencia con el Espíritu Santo. No podemos comenzar el recorrido hasta que hayamos dado el primer paso, pero muchos cristianos tienen miedo de iniciar una vida llena del Espíritu. Pero antes de empezar, ¿cómo se experimenta esto en realidad, sobretodo cuando la euforia inicial ha pasado, se nos ha quitado la piel de gallina y debemos enfrentar la realidad de que la vida no siempre es fácil?

Muchos cristianos cometen el error de basar su relación con Dios en sentimientos. Yo no tengo nada en contra de los sentimientos: he llorado en presencia de Dios, he sentido su gozo abrumador, y he bailado de emoción en los pasillos de la iglesia. Pero independientemente de lo alto que saltemos, lo fuerte que gritemos, o el éxtasis que experimentemos durante un servicio de adoración, estos sentimientos no nos ayudarán a soportar las temporadas más duras de nuestra vida. En algún momento, todos tendremos que lavar los platos y la ropa sucia, cuidar a los niños cuando estén enfermos, y trabajar largas horas para alimentar a nuestra familia. Y en algún momento también tendremos que batallar contra las enfermedades, resolver conflictos familiares, luchar con decepciones personales, y enfrentar la muerte de amigos o seres queridos. La vida no siempre es divertida. Y los sentimientos nunca duran tanto como quisiéramos.

Afortunadamente, el Espíritu Santo también está con nosotros en esos días que no son tan emocionantes. Él nos acompaña en los momentos mundanos; está aquí en los días malos, incluso en los días que quisiéramos olvidar. El Espíritu Santo nos acompaña siempre. Y no lo hace de forma figurada, simbólica, o remota. Él no está con nosotros en un sentido intangible o etéreo. ¡Su "presencia" no está entre comillas, como en esta oración!

En verdad, Él está con nosotros como lo estaría nuestro amigo más cercano si estuviera sentado junto a nosotros, hablándonos y abrazándonos. *Él está ahí*, y es más real que cualquier ser humano, porque es Dios. Y podemos conocer su presencia, no solo por lo que sentimos, sino porque descansamos en la fe y en la confianza. Esta es una de las grandes bendiciones del Espíritu que habita en nosotros. Él es quien nos da la verdadera paz, que es inexplicable, pero es más real que la manta cálida que nos arropa en las noches frías.

Cuando Jesús les dijo a sus discípulos que enviaría al Espíritu Santo después de su muerte, les explicó que el Espíritu los acompañaría constantemente. Escuchemos sus promesas:

"Y yo rogaré al Padre, y os dará otro Consolador, para que esté con vosotros para siempre: el Espíritu de verdad, al cual el mundo no puede recibir, porque no le ve, ni le conoce; pero vosotros le conocéis, porque mora con vosotros, y estará en vosotros".

—Juan 14:16–17

"El que me ama, mi palabra guardará; y mi Padre le amará,
y vendremos a él, y haremos morada con él".

—JUAN 14:23

"La paz os dejo, mi paz os doy; yo no os la doy como el
mundo la da. No se turbe vuestro corazón, ni tenga miedo.
Habéis oído que yo os he dicho: Voy, y vengo a vosotros. Si
me amarais, os habríais regocijado, porque he dicho que
voy al Padre; porque el Padre mayor es que yo".

—JUAN 14:27–28

Jesús utilizó muchas veces la palabra *morar* para describir la
realidad única de la presencia del Espíritu Santo en nuestra vida.
En griego, *menó* significa permanecer continuamente; perdurar y
nunca perecer; seguir presente.[2] Jesús fue claro: el Espíritu Santo
vendría a vivir en nosotros, y estaría con nosotros las veinticuatro
horas del día, los siete días de la semana. Se mudaría con nosotros.
¡Y nunca se marcharía!

Esta debería ser una de las verdades más tranquilizantes, pero a
menudo dudamos de las promesas de Dios. Conozco muchos cristianos a los que les cuesta creer que Dios de verdad está ahí. Como
consecuencia del abandono de sus padres, cónyuges, o amigos,
creen que el Espíritu Santo también los abandonará. Pero la Palabra de Dios nos dice que Él nunca nos abandonará. Y nunca permanece inactivo. Nunca duerme. No se preocupa por otros asuntos
más importantes. El Espíritu vive en nosotros y trabaja activamente
en nosotros, incluso en las épocas difíciles, cuando sentimos que no
está haciendo nada.

También debemos darnos cuenta de que, según las palabras de
Jesús en el Evangelio de Juan, la paz está directamente asociada con
la presencia del Espíritu. La paz emana del Espíritu. Cuando el Espíritu está ahí, calma los nervios, tranquiliza el dolor emocional, y
aplaca la agitación de nuestro corazón. Su presencia también libera
pureza y gozo.

El hermano Lorenzo fue un francés que vivió la mayor parte

de su vida en un monasterio en el siglo XVII, después de resultar herido en una guerra. No fue un hombre famoso; pasó la mayor parte de su vida lavando platos porque no estaba calificado para ser monje. Pero estaba tan enamorado de Dios, que destilaba un gozo especial, incluso cuando estaba de pie frente a un fregadero, lavando platos todo el día. Después de su muerte, en 1691, sus cartas y demás escritos fueron recopilados en un libro llamado *La práctica de la presencia de Dios*. Este libro se volvió tan popular que los evangelistas protestantes, incluyendo a John Wesley y A. W. Tozer, lo recomendaban.[3]

Lo que más le apasionaba al hermano Lorenzo era convencer a la gente de que podía sentir la presencia de Dios en todo momento. Él escribió: "Expulsaba de mi mente cualquier cosa que pudiera impedirme sentir la presencia de Dios [...]. Y me afano solo en perseverar en su santa presencia".[4] Él veía su vida como "una conversación continua con Dios", y pensaba que no era necesario orar ruidosamente para atraer su atención. Escribió: "No necesitamos clamar en voz alta, Él está más cerca de nosotros de lo que pensamos".[5]

A medida que nuestra relación con Dios va creciendo, debemos ir entendiendo esta verdad básica. Nunca debemos dudar de la presencia del Espíritu en nuestra vida; por el contrario, debemos tratar de profundizar nuestra relación con Él. Y cuando los retos de la vida nos aturdan, cuando estemos en un valle de desaliento, monotonía o dolor, debemos reafirmar la presencia del Espíritu Santo para poder sentir su cercanía. Incluso en los desiertos más áridos, el Espíritu abrirá un pozo donde la paz, el gozo, la esperanza y la seguridad, saldrán a borbotones.

El Espíritu siempre está trabajando

Cada vez que visito la ciudad de Charlotte, en Carolina del Norte, me gusta pasar por la Biblioteca Billy Graham. Allí se hace un recorrido turístico por la casa donde creció el famoso evangelista y por las oficinas de su ministerio. Hace unos años, cuando caminaba por un bosquecillo sombreado en esa residencia, me tropecé con la tumba de Ruth Bell Graham, la esposa de Bill Graham. Su lápida tenía una inscripción peculiar:

Fin de la obra
Gracias por su paciencia

La Sra. Graham (que murió en 2007), aparentemente vio un letrero con ese mensaje en una autopista en construcción, y les dijo a sus amigos que quería que esa fuera la inscripción de su lápida.

Yo pienso lo mismo cada vez que paso junto a los conos anaranjados en una autopista. En Florida, donde viví muchos años, pareciera que los obreros nunca terminan de trabajar en las carreteras. Tan pronto terminan de ampliar un sector de la vía, comienzan a ampliar otro. Traen más excavadoras. Y más trabajos de construcción significa más retraso en el tráfico, lo cual requiere más paciencia de los conductores.

En el viaje hacia la madurez espiritual, todos deberíamos aprender la lección que está tallada en la lápida de Ruth Bell Graham. Debemos aprender a darle la bienvenida al equipo de construcción perpetua de Dios. Si realmente queremos ser conformados a imagen y semejanza de Jesucristo, debemos darle la bienvenida a toda la maquinaria pesada que Él envía a nuestra vida.

En este proceso, el Espíritu Santo es el capataz de la construcción. ¿Ha escuchado usted el ruido del equipo celestial de construcción en su vida? ¡Yo escucho excavadoras, martillos neumáticos, y pavimentadoras trabajando! Esta es la función del Espíritu Santo, hacernos cada vez más como Jesús. Es un proceso que comienza cuando invitamos a Cristo a habitar en nuestro corazón, y no termina hasta que hemos exhalado nuestro último aliento.

A veces, el trabajo que el Espíritu Santo ejecuta en nosotros es tan sutil y silencioso que nos preguntamos si realmente está allí. Las enormes piedras que Salomón utilizó en la construcción del templo de Jerusalén fueron cortadas sin el ruido de martillos, hachas, o ningún otro instrumento de hierro (1 Reyes 6:7). El trabajo del Espíritu es invisible y silencioso, pero real. En verdad, Él está tallándonos para convertirnos en obras maestras, para hacernos iguales a Jesús.

Otras veces, el trabajo del Espíritu es ruidoso. A veces crea situaciones incómodas para presionarnos, sacudirnos y moldearnos. Las pruebas que enfrentamos pueden ser traumáticas, lo que nos impulsa a querer zafarnos. Quizás nos quejamos de las interrupciones, demoras, desvíos y turbulencias que Él trae a nuestra vida para nuestro bien.

No estamos acostumbrados a escuchar sermones sobre la zona de construcción de Dios. Algunos predicadores creen que vivir la fe es como flotar alegremente en un mundo de fantasía. Nos dicen que Dios quiere derramar sobre nosotros bendiciones financieras, automóviles nuevos y grandes mansiones. Nos dicen que Dios es como San Nicolás: Él nos dará lo que sea que pidamos en oración, siempre y cuando pongamos dinero en la ofrenda del domingo.

Pero ese no es el mensaje de la Biblia. No podemos darle órdenes a Dios, ni chasquear los dedos como si Él fuera nuestro genio de la botella. Dios es Dios, y debemos someternos a sus decisiones. Algunas veces, Él nos hace atravesar valles, desiertos o lugares áridos para conformarnos mejor a la imagen de Cristo. En vez de estar predicando una prosperidad ficticia, debemos advertirle a la gente que para ser como Cristo debe haber una contrición del corazón, y esta viene cuando aceptamos las pruebas y el sufrimiento. En 1 Pedro 4:12–13 se nos dice:

> "Amados, no os sorprendáis del fuego de prueba que os ha sobrevenido, como si alguna cosa extraña os aconteciese, sino gozaos por cuanto sois participantes de los padecimientos de Cristo, para que también en la revelación de su gloria os gocéis con gran alegría".

El sufrimiento y las pruebas representan una gran parte de la vida cristiana. Pero la parte más maravillosa es que el Espíritu Santo no nos abandona en el árido desierto. Él va a nuestro lado con nosotros y nos guía. Y las lecciones que aprendemos en los tiempos difíciles terminan siendo las más importantes.

Cuando Dios quiso reconstruir la ciudad de Jerusalén, escogió a Nehemías para que dirigiera el proyecto de la construcción. Es interesante que el nombre Nehemías significa: "el Señor consuela" o "consolador", el mismo nombre que se le da al Espíritu Santo en el Nuevo Testamento. En griego, "consolador" puede significar *paraklétos*, o aquel que es invocado para prestar ayuda.[6]

Sin embargo, este Consolador santo que ha sido llamado a morar dentro de nosotros, no es solo una manta cómoda que nos protege. El Espíritu también es el capataz de la construcción de un proyecto asombroso, aunque extenuante. Él usa su maquinaria para excavar, reparar y transformar nuestra vida. Él llama a su equipo, pone a trabajar su maquinaria pesada y comienza un cambio radical.

Por favor, no cometamos el error de pensar que este Consolador no es más que un viento refrescante o una fuerza pasiva que nos pone la piel de gallina y nos hace sentir extasiados. El Espíritu Santo trabaja en nosotros como Nehemías trabajó en los muros destruidos de Jerusalén: recoge los escombros, echa afuera la basura, coloca los nuevos cimientos, vuelve a poner las puertas, reconstruye las rejas, y reedifica los muros destruidos de nuestra vida. Él trae todas sus herramientas y trabaja día y noche.

La reconstrucción de Jerusalén en la época de Nehemías no transcurrió sin sufrimiento, dificultades y luchas en las vidas de los que formaron parte del proyecto. Pero el resultado del trabajo fue la restauración de la gloria de Dios. Su presencia llenó el templo y la ciudad. El proceso es el mismo para nosotros si le damos la bienvenida al Consolador. ¿Lo dejaremos inspeccionar nuestra actitud, motivos, pensamientos, deseos rebeldes, adicciones, y todos los otros aspectos que necesitamos transformar? ¿Tendremos paciencia mientras sus conos anaranjados están en nuestra vida? Dejémoslo completar la buena obra que ha comenzado en nosotros.

EL DESIERTO HACE QUE VAYAMOS A LO PROFUNDO

Hace unos años, hice una dieta especial que no estaba relacionada con la comida. Dejé de lado todos los libros nuevos y limité mis lecturas a una pequeña colección de viejos clásicos cristianos, en su mayoría obras devocionales de Andrew Murray, Watchman Nee, E. M. Bounds, Charles Spurgeon, A. B. Simpson, y Corrie ten Boom. Sabía que Dios tenía un mensaje para mí en aquellas páginas mohosas.

Me di cuenta de que había un tema en común en todos esos libros viejos, pero me llevó un tiempo descifrar el código y entender cuál era. Estos autores de los siglos XIX y XX escribieron con una profundidad espiritual que muy rara vez veo en la Iglesia actual, y yo quería conocer su secreto. Comencé a entender el asunto cuando estaba leyendo el libro *A Larger Christian Life* [Una vida cristiana más grande], de A. B. Simpson, que fue escrito en 1890, cuando el Movimiento de Santidad estaba en su cúspide en Estados Unidos.

Simpson menciona varias veces la historia de cuando Abraham ofreció a su hijo Isaac en el altar del monte Moriá, y exhortó a los cristianos a sacrificarse. Decía que el monte Moriá "representa la experiencia espiritual más profunda que debe tener un creyente totalmente consagrado. En este acto de obediencia, el ser santificado yace en el altar, al igual que Isaac".[7]

Encontré comentarios similares sobre la consagración o "rendición total" en el libro de Watchman Nee, *La liberación del Espíritu*, publicado en China, en 1955 antes de ser publicado en occidente. Nee enseña que el camino hacia una espiritualidad fructífera, y al conocimiento íntimo y verdadero del Señor, es rendir el hombre externo. Explica que Dios pone pruebas y dificultades en nuestra vida para doblegar nuestra naturaleza egoísta y para que la naturaleza de Cristo pueda fluir a través de nosotros.

Nee escribe: "¡No hay vida que manifieste más belleza que aquella que está doblegada! La terquedad y el amor propio han dado paso a la belleza en aquel que ha sido doblegado por Dios".[8]

Tal vez la razón por la que encuentro estas viejas palabras tan nutritivas es porque hoy en día no escucho hablar mucho sobre una vida crucificada, el sufrimiento o la sumisión. Pocas veces hablamos de los altares y evitamos los llamados al altar. No invitamos a la gente a descubrir un reino espiritual más profundo porque muy pocos conocen ese lugar. Lo mismo ocurre con algunos líderes, que están demasiado ocupados utilizando a Dios para alimentar sus egos y amasar fortunas personales como para dejar que el Espíritu Santo les enseñe sobre una vida crucificada.

La cultura superficial del "evangelio *ligero*", se enfoca en el yo, yo, y más yo. La mayoría de los libros cristianos actuales tratan sobre el mejoramiento propio, y no sobre el sacrificio personal. Le enseñamos a la gente a reclamar una "vida mejor", y a reclamarla en sus propios términos. Es un mensaje de fortalecimiento propio, que dice que Dios quiere hacernos felices, y para lograrlo debemos añadir un poquito de Dios en nuestra vida (en nuestros propios términos, por supuesto) y Él nos bendecirá, nos hará prosperar, y hará que nuestros sueños se vuelvan realidad.

Qué extraño suena este mensaje si lo comparamos con los viejos himnos que cantaban los cristianos en los días del avivamiento de la santidad. Esta letra, del himno *"Cúmplase, oh Cristo, tu voluntad"*, publicado por Adelaide Pollard en 1907, luce espeluznantemente extraña en la actualidad:

> *Cúmplase, oh Cristo, tu voluntad.*
> *Solo tú puedes mi alma salvar.*
> *Cual alfarero, para tu honor*
> *Vasija útil hazme, Señor.*
> *Cúmplase, oh Cristo, tu voluntad*
> *Quita de mi alma toda maldad.*
> *Cual blanca nieve hazla fulgir,*
> *Y fiel y humilde hazme vivir [...]*
> *Cúmplase, oh Cristo, tu voluntad.*
> *Toda dolencia puedes sanar;*
> *Cuitas, pesares, con tu poder*
> *Quieres hacerlos desvanecer*
> *Cúmplase, oh Cristo, tu voluntad.*

Mora en mi alma, dale tu paz,
Para que el mundo vea tu amor,
Tu obra perfecta, oh buen Salvador.[9]

Pollard fue una maestra de estudios bíblicos que estaba desanimada porque no podía reunir fondos para hacer un viaje misionero a África. Encontró gran consuelo cuando puso todos sus planes y deseos en el altar, e inmediatamente se rindió a la voluntad de Dios para su vida.[10] El himno que surgió a partir de su angustia bendijo a millones de personas, pero hoy ha perdido su popularidad, porque sencillamente no nos identificamos con su oración de rendición.

Creo que deberíamos retomar el mensaje olvidado de la consagración. No es suficiente conocer las doctrinas cristianas, ni pintar una fachada de cristianismo en la superficie de nuestra vida. Debemos cargar la cruz diariamente. No es suficiente evitar los pecados que nuestra sociedad cristiana considera "los peores"; también debemos permitir que el cuchillo de Dios mate el orgullo, el voluntarismo, la confianza en nosotros mismos, y nuestro ego, que lamentablemente nuestra cultura cristiana tanto alienta.

Al comenzar este viaje transformador con el Espíritu Santo, no debemos pensar que seremos inmunes a las dificultades. Habrá momentos difíciles. Cada uno de nosotros deberá enfrentar pruebas y desafíos, que el Espíritu enviará con el propósito de formarnos. Él estará a cargo cuando lleguen esas pruebas. No debemos gruñir ni quejarnos durante ellas, sino utilizar esta aflicción "momentánea" (2 Co. 4:17) para practicar la presencia de Dios y descubrir su paz duradera.

PERO, ¿Y SI NO ME GUSTAN LAS PRUEBAS?

Algunos cristianos enseñan que no tenemos que pasar por las pruebas. Inventan fórmulas sencillas para una "prosperidad exitosa" o sanación instantánea. Pero cualquier cristiano experimentado sabe que no hay atajos para alcanzar la madurez espiritual. Todos debemos atravesar momentos difíciles para alcanzar el destino que Dios tiene para nosotros. Sin embargo, no podemos olvidar que el Espíritu Santo está con nosotros en cada trecho del camino.

Yo soy bastante osado a la hora de probar alimentos exóticos. Sin embargo, actué con cautela con una fruta tropical llamada durio, que conocí en uno de mis viajes a Indonesia. Tres cosas me hicieron desconfiar de esta extraña delicia, que se vende por montones en las calles de Yakarta.

Primero, el durio tiene un aspecto absolutamente letal. Es una fruta grande y redonda, cubierta de enormes espinas que miden por lo menos cuatro pulgadas. Estoy seguro de que si se la lanzo a alguien desde la ventana de un segundo piso, la victima moriría al instante.

Segundo, cuando rompemos la gruesa cáscara (los vendedores indonesios pueden ayudarnos con un machete) aparece una espantosa pulpa gris que tiene la consistencia de un pudin espeso.

Tercero, el olor me recuerda a la basura, al agua sucia donde se han lavado los platos, y al melón podrido. Es un asco. El olor es tan nauseabundo, que los hoteles en Indonesia no permiten la popular fruta en sus instalaciones.

Pero como soy audaz desde el punto de vista culinario, decidí probar el durio cuando algunos compañeros de la iglesia apostólica Generación de Yakarta me llevaron donde un vendedor que estaba en un puesto en la calle. El joven que nos vendió el durio lo abrió y lo rebanó, y nos sentamos en una mesa en la acera a comer. Me preparé para lo peor. Me tapé la nariz y puse un amasijo de la fruta gris dentro mi boca.

Esperaba que me dieran náuseas, pero eso no fue lo que ocurrió. ¡No podía creer lo que mis papilas gustativas estaban probando! Lo que lucía feo y olía repugnante, era en realidad un manjar con un fuerte sabor dulce. Me convertí en amante del durio. En mi última visita a Yakarta, incluso probé helado de durio.

También aprendí una lección importante. Creo que Dios hizo el durio para enseñarnos que siempre hay algo increíblemente dulce oculto en las difíciles pruebas que enfrentamos.

La vida nos lanza durios espinosos todo el tiempo. Normalmente tratamos de evitarlos, pero la Biblia nos dice qué debemos hacer. Pedro escribió: "Amados, no os sorprendáis del fuego de prueba que os ha sobrevenido, como si alguna cosa extraña os aconteciese, sino gozaos por cuanto sois participantes de los padecimientos de Cristo, para que también en la revelación de su gloria os gocéis con gran alegría" (1 P. 4:12-13).

Al igual que el durio, la celda de Pablo era lúgubre y olía horrible. Los investigadores dicen que el calabozo probablemente apestaba a desechos humanos, incluso a cuerpos humanos descompuestos, ya que los prisioneros a menudo morían de inanición o enfermedades. Sin embargo, en medio de aquella enmohecida celda, Pablo encontró algo dulce. La presencia sustentadora de Cristo le dio palabras que siguen consolándonos dos mil años después.

La evangelista holandesa Corrie ten Boom pasó muchos meses en un campamento de concentración nazi en la década de 1940. Experimentó un sufrimiento inimaginable en las barracas infestadas de piojos de Ravensbrück. Sin embargo, Corrie aprendió a alabar a Dios, y en aquel infierno en la tierra encontró su mensaje de vida: "No hay pena tan profunda que no pueda ser alcanzada por el amor de Dios".[11]

Nuestra situación tal vez parece espinosa y amenazante como un durio, quizás incluso letal, o tal vez solo apesta. Pero debemos darnos cuenta de que Dios es el que permite esas pruebas. Él las utiliza para moldear nuestro carácter, triturar nuestro orgullo, y romper nuestra dura coraza exterior, de manera que el Espíritu Santo pueda fluir a través de nosotros.

Si estamos pasando por un momento difícil (la mayoría de la gente que conozco lo está), recuerde el secreto del durio. No debemos huir de nuestras pruebas, ni quejarnos, ni hacer reproches, ni murmurar como si fuéramos unos adolescentes desde el punto de vista espiritual. Esta es nuestra oportunidad de crecer. Alabemos a Dios, aunque todo en nosotros quiera renunciar. Seamos pacientes. Al final encontraremos una dulce sorpresa oculta en nuestra prueba. Cuando nos regocijamos en la adversidad, la amargura de la vida es reemplazada por la fragancia de Cristo. Este proceso es doloroso, pero saborearemos el resultado final.

El Espíritu Santo es el que da el gozo

Debo admitir con toda honestidad que me resulta más fácil gimotear y quejarme que alabar y regocijarme cuando estoy atravesando un período difícil en mi vida. No me dan ganas de alabar a Dios en esos momentos. Me pongo de mal humor y me siento melancólico.

Esta es una de las razones por las que a la gente le gusta la música country: nos encanta quejarnos. No tengo nada en contra de Loretta Lynn, Kenny Chesney, Alan Jackson, o cualquiera de sus fanáticos, pero muchas canciones de country solo hablan de la tristeza por un divorcio, los esposos alcohólicos, el maltrato a las esposas y la pobreza rural. Entre los peores títulos se encuentran: *"How Can I Miss You If You Won't Go Away?* [¿Cómo puedo extrañarte, si no te vas?]"; *"I Bought the Shoes That Just Walked Out on Me* [Compré los zapatos que acaban de dejarme]"; y *"When You Wrapped My Lunch in a Roadmap, I Knew You Meant Goodbye* [Cuando en, volviste mi almuerzo en un mapa, sabía que era un adiós]".[12] Estas canciones solo exudan un pesimismo melancólico. ¿Por qué son tan populares? Porque a muchos les encanta tener lástima de sí mismos.

Puede resultar extrañamente terapéutico escuchar a alguien cantar sobre sus problemas, especialmente cuando compartimos la misma tristeza. Pero hasta Elvis Presley nos diría que la música triste no saca a la gente de la depresión. Necesitamos cambiar de estación. Y el Espíritu Santo puede darnos un gozo sobrenatural.

La Epístola a los Filipenses, escrita por el apóstol Pablo, es uno de los libros más peculiares de la Biblia. Algunos eruditos la llaman "la epístola del gozo" porque las palabra *gozo* (o su sinónimo, *regocijo)* aparece dieciséis veces. ¡Pero lo más asombroso es que esta carta sobre el gozo cristiano fue escrita desde la cárcel!

Mientras Pablo estaba encadenado y bajo la vigilancia de guardias romanos, escribió algunas de las palabras espirituales más edificantes que jamás se hayan escrito. En los cuatro capítulos de la carta, Pablo constantemente nos exhorta a alabar a Dios, independientemente de lo difíciles que sean nuestras circunstancias. Él escribió: "Me gozo" (1:18); "Me gozo y regocijo con todos vosotros (2:17); "Por lo demás, hermanos, gozaos en el Señor" (3:1); y "Regocijaos en el Señor siempre. Otra vez digo: ¡Regocijaos!" (4:4). Pablo, como un disco rayado que repite las mismas frases de una canción, aborda el tema una y otra y otra vez: *¡Regocíjense!* La palabra *regocijo* literalmente significa "re-gozar". Pensemos en ella como "reiniciar" nuestro gozo. Cuando una computadora se descontrola, podemos ponerla nuevamente en línea reiniciándola. Algo parecido ocurre en nuestro corazón cuando nos regocijamos: el gozo que perdimos es restaurado, y nuestra fe debilitada vuelve a aumentar.

Tal vez Pablo escribió este mensaje a los filipenses porque recordaba su primera visita a ese lugar. Fue en Filipos que Pablo y Silas fueron arrestados y encarcelados por los jueces de la ciudad. Pero cuando los dos hombres se sentaron, con cepos atados a sus pies, comenzaron a orar y a cantar himnos. Mucho antes de la invención de los *subwoofers,* otra clase de potentes megabajos acompañaron su sesión informal del Espíritu Santo, convirtiéndose en un terremoto que sacudió los cimientos de la prisión e hizo añicos las cadenas de todos (Hch. 16:25–26).

¿Se siente usted atado por sus circunstancias? Yo a veces me siento literalmente atrapado en una diminuta prisión de limitaciones y retrasos. Pero cuando oro por mi propia situación, recuerdo las palabras de Pablo a los Filipenses: "¡Regocijaos en el Señor!".

Tal vez en esta época difícil necesitamos grabar el mensaje de Pablo en nuestro teléfono inteligente o en nuestro iPod, y reproducirlo una y otra vez. El gozo sobrenatural que se libera a través de la alabanza puede hacer muchas cosas:

- *La alabanza diluye la desesperanza.* ¿Siente que su situación es desesperada? Pablo estaba confinado y no podía salir de su celda para predicar el evangelio. No obstante, escribió: "En esto me gozo, y me gozaré aún. Porque sé que por vuestra oración y la suministración del Espíritu de Jesucristo, esto resultará en mi liberación [de su encarcelamiento]" (Flp. 1:18–19). Sepa que Dios está trabajando tras bambalinas. Las nubes sobre nuestra cabeza quizás sean oscuras, pero la alabanza nos elevará por encima de ellas para que podamos volver a ver la luz del sol.

- *La alabanza destruye la negatividad.* ¿Nos hemos estado quejando de nuestra situación? Dejemos de hablar tonterías. Debemos recordar que Pablo estaba encadenado cuando escribió: "Haced todo sin murmuraciones y contiendas" (Flp. 2:14). Él sabía que a los israelitas se les había negado la entrada a la Tierra Prometida porque murmuraron en contra del Señor (1 Co. 10:10). Murmurar provoca un cortocircuito en la fe, pero el gozo la revive. Pablo siempre buscó la bendición oculta en cada prueba, al punto de que le agradecía a Dios incluso en medio de naufragios, golpizas, disturbios, amenazas de muerte y hambruna.

- *La alabanza destruye la duda.* Cuando dejamos de alabar, nos atascamos en el fango y nos quedamos atorados en nuestros propios problemas. Lo único que podemos ver es el aquí y el ahora. Pero algo sobrenatural ocurre cuando nos regocijamos en el Señor. Somos elevados fuera de la prisión de lo imposible y trasladados a un reino donde podemos hacer todo por medio de aquel que nos fortalece (Flp. 4:13). Cuando alabamos, entramos en una cabina telefónica como Clark Kent ¡y salimos como Supermán!

- *La alabanza destruye la ansiedad.* Pablo dijo que cuando presionemos el botón del regocijo, y remplacemos la angustia por una oración llena de gozo, "la paz de Dios, que sobrepasa todo entendimiento", guardará nuestros corazones y nuestros pensamientos en Cristo Jesús (Flp. 4:7). El gozo calma nuestros corazones llenos de ansiedad y nos permite recibir las promesas de Dios.

En 1970, un capellán militar llamado Merlin Carothers publicó un libro corto llamado *De la prisión a la alabanza*. Ha vendido más de diecisiete millones de copias y ha sido publicado en cincuenta y tres idiomas.[13] Este libro invita a los lectores a dar gracias y a alabar a Dios en medio de las dificultades, y está lleno de testimonios de individuos comunes y corrientes que experimentaron soluciones milagrosas cuando obedecieron este sencillo principio. Lo que Carothers escribió hace tantos años sigue estando vigente hoy. "El propio acto de alabar libera el poder de Dios en una serie de circunstancias y le permite a Dios cambiarlas. Los milagros, el poder y la victoria serán siempre parte de lo que Dios hace en nuestras vidas cuando aprendemos a regocijarnos en todas las cosas".[14]

Aceptar el fruto del Espíritu

La meta definitiva del Espíritu Santo es producir su fruto en nosotros. Esto es lo que Él hace cuando trabaja en nuestro interior. Como un granjero eficiente, Él ara, siembra y riega. Quiere producir una cosecha abundante en el campo de nuestra vida. El proceso de crecimiento espiritual no es instantáneo. Ningún granjero hace crecer su cosecha de la noche a la mañana. El Espíritu se toma su tiempo y debemos ajustarnos a su calendario.

El apóstol Pablo nos dice lo que el Espíritu está buscando en nuestra vida. Lo llamó "el fruto del Espíritu". Pablo escribió en Gálatas 5:22–25:

> "Mas el fruto del Espíritu es amor, gozo, paz, paciencia, benignidad, bondad, fe, mansedumbre, templanza; contra tales cosas no hay ley. Pero los que son de Cristo han crucificado la carne con sus pasiones y deseos. Si vivimos por el Espíritu, andemos también por el Espíritu".

Una vida llena del Espíritu no se compone solamente de dones espirituales, profecías, milagros, y emocionantes reuniones de avivamiento. Todo esto es fantástico, pero nuestra vida cristiana sería bastante frívola si eso fuera todo. Dios quiere que haya más que emoción en nuestras vidas, Él quiere que haya carácter. Él desea conformarnos a la imagen de Jesús. El fruto del Espíritu no se imparte de la misma manera que el don espiritual. Este debe ser atendido, regado, y desarrollado por el Viñador. A veces debemos ser podados para producir más frutos. Pero al final, después de haber soportado todo ese proceso, seremos transformados.

El pastor Dietrich Bonhoeffer, que sufrió y murió a manos de sus perseguidores nazis, señaló que el fruto del Espíritu no es algo que podamos forzar o fabricar. El fruto del Espíritu es el resultado de un proceso interno, invisible. Él escribió: "El fruto siempre es lo milagroso, lo creado; nunca es el resultado de la voluntad, pero siempre es un crecimiento. El fruto del Espíritu es un regalo de Dios, y solo Él puede producirlo. Quienes lo llevan saben muy poco sobre él, así como el árbol tampoco sabe sobre su propio fruto. Solo conocen el poder de aquel de quien dependen sus vidas".[15]

¿Queremos este fruto en nuestra vida? No podemos hacerlo crecer. No podemos ir a un seminario y volvernos automáticamente más amorosos y pacientes. Es imposible para un ser humano conformarse a sí mismo al carácter divino. Debemos entregarnos al Espíritu y dejar que nos cambie. Él quiere traer estas nueve cualidades a nuestra vida. ¿Estamos dispuesto a orar por cada una de ellas?

Los nueve frutos del Espíritu

- *Amor.* ¿Qué pasaría si oráramos pidiendo más amor? Tal vez Dios pondría en nuestra vida a alguien irritable y obstinado, o que perteneciera a un entorno cultural diferente. ¿Estamos dispuestos a tomar la prueba del amor?

- *Gozo.* ¿Qué pasaría si oráramos pidiendo más gozo? Dios quizás nos llevaría a través de un desierto donde aprenderíamos a alabarlo, aunque no tuviéramos ganas de hacerlo.

- *Paz.* ¿Qué pasaría si oráramos pidiendo más paz? Dios tal vez lidiaría con nuestras ansiedades y miedos relacionados con el dinero y la familia.

- *Paciencia.* ¿Alguna vez ha orado por paciencia? Dios puede ponernos en una situación en la que nuestras oraciones no sean respondidas durante un largo tiempo.

- *Amabilidad.* Para hacernos personas más amables, debemos encontrarnos en situaciones en las que la gente nos trate mal, o nos calumnie. ¿Cómo responderemos? ¿Aprenderemos a perdonar y a mostrar compasión a la gente que no merece ser tratada con amabilidad?

- *Bondad.* ¿Qué pasaría si le pidiéramos a Dios que nos hiciera más generosos? ¿Estaríamos dispuestos a entregarle nuestra billetera a Dios?

- *Lealtad.* Si oramos por esta cualidad del carácter, debemos aprender a ser constantes en el tiempo. ¿Estamos dispuestos a atravesar períodos de oscuridad, confiando en Dios todo el tiempo, aunque no veamos sus respuestas inmediatamente?

- *Calma.* ¿Ha orado alguna vez pidiendo calma? Dios tal vez provoque nuestra ira, y desentierre algunas heridas profundas que han originado nuestra amargura.

- *Autocontrol.* ¿Hace constantemente cosas que sabe que no le agradan al Señor? ¿Tendrá la voluntad de pedirle al Espíritu Santo que se haga cargo de esas adicciones y le traiga sanación?

Debemos recordar que no podemos hacer crecer el fruto del Espíritu por nuestros propios medios. Ese no es nuestro trabajo. Simplemente debemos invitar al Espíritu que habita en nosotros a que trabaje en nosotros. Debemos dejar que nos transforme. Debemos dejar que saque todas sus herramientas y que cuidadosamente nos excave, nos corte, nos talle, nos riegue, nos fertilice, y nos pode hasta que produzcamos una cosecha que le traiga gozo a Él.

HABLEMOS DE ESTO

1. ¿Cuál es el propósito de las pruebas? Describa una ocasión en la que Dios utilizó una prueba para cambiarlo de una forma positiva.

2. ¿Por qué es importante para nosotros alabar al Señor cuando estamos atravesando por pruebas?

3. De todos los frutos del Espíritu Santo que se mencionan en Gálatas 5:22–23, ¿cuál es el que más necesita en este momento de su vida? ¿Por qué?

UNA ORACIÓN PODEROSA

Señor, tú eres el Señor de las montañas y el Señor de los valles. Quiero seguirte a donde sea que me lleves, aunque deba pasar algún tiempo en el desierto. Quiero parecerme más a ti, así que le doy la bienvenida al trabajo constante del Espíritu Santo en mi vida. Oro porque me cambies, para ser más como tú. Quiero el fruto del Espíritu Santo, Señor, dame tu amor, tu gozo, tu paz, tu paciencia, tu amabilidad, tu bondad, tu lealtad, tu calma y tu autocontrol. Y cuando esté pasando por momentos difíciles, dame la gracia de regocijarme mientras atravieso junto a ti cada dificultad y cada prueba. Amén.

Capítulo once

EVITEMOS LAS TRAMPAS DE LA CARISMANÍA

Por qué debemos ministrar en el Espíritu con integridad

Podemos tener conocimientos y prepararnos meticulosamente, pero sin la unción del Espíritu Santo no tendremos ningún poder, y nuestra prédica no será efectiva.[1]
—MARTIN LLOYD-JONES (1899–1981)
PREDICADOR GALÉS

EN EL 2015, mi esposa y yo ayudamos a dirigir un retiro para ministros en las Montañas Humeantes, en Tennessee. Conocía a la mayoría de las parejas que nos acompañaban, pero me sorprendí al enterarme de que una de las participantes era Sally Fesperman, una líder (junto a su difunto esposo, Jay) en los primeros días de la Renovación Carismática de la década de los años 60 y 70.

Sally tiene ochenta y ocho años, pero es tan vivaz y enérgica como cualquier veinteañera. Le encanta hablar de su relación con Jesús, y compartió muchas anécdotas sobre los inicios de la Renovación, cuando miles de creyentes de las principales denominaciones descubrieron el bautismo del Espíritu Santo. Hablar con Sally me trajo muchos recuerdos de mediados de 1970, cuando el Espíritu me llenó por primera vez.

Cuando estaba en las montañas, Dios me habló a través de Isaías 35 sobre la inminente llegada de una nueva oleada del Espíritu Santo. Me dijo, a través del versículo 6: "Porque aguas serán cavadas en el desierto". Nunca he estado más convencido de que Dios va a refrescarnos de nuevo con un desbordamiento súbito de su presencia y su poder. Estaba tan emocionado con esta promesa, que el viernes en la mañana le pedí a Sally que orara por nosotros y que le pasara la antorcha de la renovación, proféticamente, a la generación más joven.

Sollocé cuando ella oró, porque estoy desesperado por ver ese avivamiento. Pero la gran responsabilidad que implica recibir esta antorcha de renovación me hizo poner los pies en la tierra. Sé que este valiosísimo don fue mal utilizado hace más de cuarenta años, cuando el Espíritu Santo se derramó sobre la iglesia estadounidense. Creo que pronto Dios nos visitará de nuevo, pero debemos prepararnos para evitar cometer los mismos errores del pasado.

El apóstol Pablo les dijo a los tesalonicenses que debían manejar con cuidado el Espíritu Santo:

> "No apaguéis al Espíritu. No menospreciéis las profecías. Examinadlo todo; retened lo bueno. Absteneos de toda especie de mal".
> —Tesalonicenses 5:19–22

Para apagar un fuego, debemos derramarle agua encima, o sofocarlo con algo. Pablo nos estaba advirtiendo que podemos apagar el fuego del Espíritu con nuestra conducta pecaminosa o religiosa. He visto esto ocurrir muchas veces.

En mi teología soy, sin lugar a dudas, carismático. Amo al Espíritu Santo, y creo que el Nuevo Testamento nos exhorta a dejar espacio para las manifestaciones del Espíritu. El apóstol Pablo nos dio instrucciones sobre el don de la profecía, él presenció sanaciones dramáticas, tuvo visiones sobrenaturales, y le dijo a los líderes de la Iglesia que no prohibieran el don de lenguas (1 Co. 14:39). Pablo fue el epítome de la espiritualidad carismática.

Pero no todo lo que hacemos hoy en el nombre del Espíritu Santo es una expresión válida de su poder. En las últimas cuatro décadas, los carismáticos hemos inventado algunas prácticas tan insulsas que no solo nos hacen parecer tontos, sino que hacen que la gente rechace nuestro mensaje. Me imagino que estos comportamientos comenzaron por inmadurez, y me río porque yo también he tenido algunos. Pero en este momento creo que Dios espera más de nosotros.

CÓMO MANEJAMEOS MAL EL DERRAMAMIENTO DEL ESPÍRITU

He aquí cuatro formas en las que creo que hemos hecho mal uso del Espíritu en el pasado:

Lo explotamos.

En la Iglesia del Nuevo Testamento, Ananías y Safira fueron los primeros en intentar apagar el poder del Espíritu. Eran muy codiciosos (ver Hch. 5:1–11). Lo mismo ocurrió durante el movimiento carismático en la década de 1980, cuando los predicadores de la prosperidad, con símbolos de dólares en los ojos, comenzaron a mercadear la unción del Espíritu. Evangelistas arrogantes vestidos de trajes blancos y con Rolex en sus muñecas convencían a las masas de hurgar en sus billeteras para dar ofrendas "milagrosas". Y así comenzó la traición, lenta pero segura. No nos dábamos cuenta de que la codicia nos alejaba cada vez más de la bendición del Espíritu.

Lo simulamos.

En los primeros días de la Renovación, los líderes carismáticos tenían un sentido de temor reverencial hacia Dios cuando oraban por la gente. No querían hacer nada que entristeciera al Espíritu. Pero en algún momento, ciertos ministros se dieron cuenta de que podían fingir los dones del Espíritu Santo y seguir arrastrando multitudes. Los charlatanes comenzaron a realizar espectáculos carismáticos que incluían sanaciones falsas, dramas espeluznantes y manipulación hipnótica. La santa unción de Dios fue reemplazada por música ambiental y una voz temblorosa en el púlpito. Cualquier individuo con discernimiento podía sentir que la dulce presencia del Espíritu había abandonado el lugar.

Lo corrompimos.

En los primeros días del movimiento carismático tuve mis primeras experiencias espirituales con los magníficos mensajes de agitadores como Judson Cornwall, Leonard Ravenhill, Corrie ten Boom, Keith Green, Derek Prince, Joy Dawson, y Winkie Pratney. Ellos predicaban continuamente sobre el temor de Dios. Sus mensajes exigían santidad. Pero actualmente, muchas de las prédicas de nuestro movimiento no son más que parloteo. Es muy triste que un creyente que asista a una iglesia llena del Espíritu nunca haya escuchado que la fornicación es pecado. Es aún más triste que tengamos predicadores en nuestros púlpitos que sin ninguna vergüenza esconden el pecado sexual bajo la bandera de la gracia barata, lo que en realidad tiene el poder de enviar gente al infierno.

Lo profesionalizamos.

En los primeros días de la Renovación Carismática, la gente se maravillaba cuando descubría el poder del Espíritu por primera vez. Las concentraciones se enfocaban en Cristo, los sermones eran sólidos desde el punto de vista bíblico, y existía una profunda comunión. Podíamos cantar "Sabrán que somos cristianos por nuestro amor", porque sentíamos un profundo vínculo que nos unía, por causa del Espíritu Santo.

Pero no pasó mucho tiempo antes de que reemplazáramos el genuino sentido de la *koinonia* del Nuevo Testamento por algo más frío y menos acogedor. Comenzamos a preocuparnos por los títulos. Descubrimos ingeniosas técnicas de mercadeo. Las iglesias crecieron, al igual que sus presupuestos. Luego, algo gracioso ocurrió en el camino a la súperiglesia: perdimos la simplicidad. Convertimos a la Iglesia en un negocio. Dejamos de ser relacionales y nos convertimos en profesionales.

No estoy en contra del crecimiento, de las súperiglesias o del mercadeo. ¡El Espíritu Santo puede producir y dirigir todo eso! Pero si sacrificamos la pureza y la calidez de las relaciones en el altar del cristianismo profesional, el Espíritu Santo podría abandonar nuestros ministerios.

Que el Señor nos ayude a cultivar una atmósfera que atraiga su presencia, en lugar de repelerla. Tal vez estaremos listos para recibir el testigo cuando una generación más joven acepte la promesa de un nuevo movimiento de Dios. ¡Espíritu Santo, ven!

¿Cómo podemos, entonces, evitar cometer los errores del pasado y reclamar la esencia del Pentecostés? Es útil recordar que los líderes de la Iglesia del Nuevo Testamento nunca separaron los dones espirituales de los frutos espirituales, y nunca antepusieron las manifestaciones del Espíritu al amor cristiano.

Ellos creían que:

El carácter es tan importante como la unción.

En nuestra sociedad, orientada al desempeño, se nos presiona para que obtengamos resultados. No creemos que el Espíritu Santo puede aparecer en una concentración a menos que alguien se caiga en el suelo o diga que ha sido sanado. Queremos acción, y si no la obtenemos, ¡la inventamos! El apóstol Pablo, por otra parte, predicaba que el Espíritu Santo se manifiesta, no solo a través de los nueve dones de poder que se nombran en 1 Corintios 12:7–11, sino también a través de los frutos que se mencionan en Gálatas 5:22–23. Una verdadera representación del Espíritu no tiene que ver solamente con lo que Él *hace*, sino también con lo que Él *es*. Nos podemos meter en problemas si solo mostramos lo espectacular e ignoramos lo esencial.

La verdad es más importante que las lenguas.

El don de hablar en lenguas ha sido una bendición invaluable en mi vida. Pero el apóstol Pablo, que oró en lenguas más que cualquiera en Corinto, dijo que prefería escuchar un sermón de cinco palabras en un lenguaje que pudiera entender, que escuchar a alguien hablar en lenguas durante horas (1 Co. 14:18–19). Pablo sabía que se podía abusar o hacer un mal uso de los dones espirituales. Y admitió que alguien que habla en lenguas, pero que no muestra el amor de Dios, es como un "metal que resuena" (1 Co. 13:1). Es una manera amable de decirle "¡insoportable!".

El amor es más necesario que las manifestaciones carismáticas. Muchos hacemos énfasis solo en el viento y el fuego que vinieron del cielo en el Pentecostés. Pero debemos recordar que, en el mismo capítulo, el Espíritu se manifestó de otra forma. Los primeros cristianos estaban unidos por un vínculo de amor. El Espíritu trajo una conexión santa, y ese amor santo los mantuvo unidos.

El amor desinteresado, la generosidad, el afecto fraternal y la amabilidad sincera son manifestaciones del Espíritu, al igual que lo son la sanación y los milagros. De hecho, es más probable que las señales poderosas y las maravillas ocurran en una atmósfera que esté bañada con el amor del Espíritu Santo.

William Seymour, el padre del pentecostalismo moderno y fundador de la Misión de la calle Azusa de Los Ángeles, lo dijo de esta manera: "El poder pentecostal es, en pocas palabras, más del amor de Dios. Si no trae más amor, no es más que falsificación".[2]

¿Podría ser esta la razón por la que hoy no vemos muchas manifestaciones sobrenaturales? Cuando somos vanidosos, hipócritas, amargados, inflexibles, sentenciosos, y antipáticos, hacemos cortocircuito con el poder de Dios. Oro para que podamos adoptar no solo el sonido y la furia del poder de Dios, sino también el amor genuino que fluye de su corazón.

NO DEBEMOS PERMITIR QUE LAS COSAS SE COMPLIQUEN

Cuando el Espíritu Santo llega con todo su poder, el creyente recibe una unción milagrosa, gran valentía, gozo desbordante y entusiasmo irresistible. Pero como todos nos inclinamos hacia el pecado y el egoísmo, quienes experimentan el poder puro del Espíritu Santo a veces también actúan de forma extraña. Su carne se interpone, y hacen mal uso de los dones del Espíritu.

He visto que esto ocurre a menudo durante el ministerio de oración en los altares de las iglesias. Debido a la poca preparación y la falta de liderazgo, las cosas pueden salirse de control cuando la gente viene a ministrar frente al público. Si esta actitud extraña no se corrige de inmediato, los visitantes dejarán de venir, y nuestra iglesia tendrá mala reputación. Aquí menciono cinco tipos de individuos a los que no les deberíamos permitir ministrar en las iglesias:

- *Berta la aplanadora*: A veces la gente puede sentirse atontada o débil cuando el Espíritu Santo la toca. Pero ahora veo a muchos pastores que empujan a la gente al suelo e incluso dan bofetadas en el nombre "de la unción". Si esta mujer (o su hermano, Bob el golpeador) decide orar por usted, párese bien y aférrese a su asiento. Ella intentará tirarlo al suelo, de una u otra forma. No permita que lo haga.

- *Francia la loca*: Es un hecho: algunos actúan raro cuando sienten la unción del Espíritu Santo. Se sacuden, vibran, chillan, o hacen ruidos como si estuvieran pariendo. No creo que debamos permitir que los ministros de oración actúen así en el altar. La gente a la que se le ha confiado la tarea de orar por los demás debe ministrar con tranquilidad y control propio. La gente se asusta y se confunde cuando agitamos los brazos, doblamos el torso, o actuamos como si tuviéramos un tic nervioso cuando oramos por ellos.

- *Larry el lascivo*: Es totalmente aceptable en un equipo de oración, imponer las manos sobre los que buscan sanación o consuelo. Pero en esta época de perversión sexual, algunos buscan un deleite fácil, incluso en la iglesia. Se debería entrenar cuidadosamente a cada pastor de oración sobre el tipo de contacto que es apropiado en el ministerio. Debemos tener una política de cero tolerancia con los que toquetean en el nombre de Jesús.

- *Wanda la ruidosa*: Hay un momento y un lugar para hablar en lenguas en la iglesia. No es apropiado que alguien grite en lenguas cuando está ministrando en el altar. Wanda La ruidosa es conocida por ofender a los visitantes, atormentándolos con su ruidosa *glosso-lalia*. Deberían recordarle que quienes buscan oración deben ser tratados con sensibilidad y respeto, y que es mejor reservar esas lenguas para la oración privada (ver 1 Corintios 14:18-19).

- *Bill el chillón*: El don de la profecía puede ser una poderosa bendición, o producir un desánimo total cuando el que profetiza está fuera de lugar. Nada mata más un servicio que un profeta que suena como si estuviera poseído por el espíritu de la Llorona. Quienes deseen ministrar en el don de la profecía deben aprender a hablar en su tono de voz normal, y tener la capacidad de expresar amor y gracia, incluso cuando se emocionan. No debemos permitir que profetas coléricos y amargados arruinen la experiencia de los demás.

Creo que estamos entrando en una nueva era en la que Dios está elevando los estándares y llamándonos a un mayor nivel de madurez. Debemos dejar de lado "lo que era de niño" (1 Co. 13:11) y aceptar no solo los dones del Espíritu Santo, sino también sus frutos. Debemos rechazar al excéntrico, al tonto, y al raro y escoger una espiritualidad auténtica que honre a Dios y respete a la gente que debemos alcanzar para Cristo.

RECUPEREMOS LA CABEZA DEL HACHA

Poco después de que Elías fuera llevado al cielo en una carroza de fuego, un grupo de profetas le dijo a Eliseo que deseaban acompañarlo a construir nuevas residencias cerca del río Jordán. Cuando uno de los jóvenes estaba cortando un árbol, la cabeza de su hacha se cayó y se hundió en las oscuras aguas del lecho del río. En 2 Reyes 6:1-7 se describe esta escena:

"Los hijos de los profetas dijeron a Eliseo: He aquí, el lugar
en que moramos contigo nos es estrecho. Vamos ahora al
Jordán, y tomemos de allí cada uno una viga, y hagamos
allí lugar en que habitemos. Y él dijo: Andad. Y dijo uno:
Te rogamos que vengas con tus siervos. Y él respondió: Yo
iré. Se fue, pues, con ellos; y cuando llegaron al Jordán, cor-
taron la madera. Y aconteció que mientras uno derribaba
un árbol, se le cayó el hacha en el agua; y gritó diciendo:
¡Ah, señor mío, era prestada! El varón de Dios preguntó:
¿Dónde cayó? Y él le mostró el lugar. Entonces cortó él un
palo, y lo echó allí; e hizo flotar el hierro. Y dijo: Tómalo. Y
él extendió la mano, y lo tomó".

Este importante proyecto de construcción se detuvo abrupta-
mente porque uno de los jóvenes perdió la única hacha que tenían.
Se había perdido. Esto fue antes de la invención de las linternas y
los dispositivos sónicos. Y no podían ir al "Home Depot" más cercano a comprar otra hacha. Los muchachos estaban en problemas.

Sabiendo que sus amigos no podían reemplazar esta costosa he-
rramienta de hierro que habían pedido prestada, el joven profeta
le rogó a su mentor, Eliseo, que lo ayudara. El sabio profeta lanzó
una vara al agua, en la parte donde se había hundido la cabeza del
hacha. Inmediatamente, la pesada pieza filosa flotó a la superficie,
desafiando las leyes de la física y probando que nada es imposible
para Dios. La fe de Eliseo solucionó el problema.

En días recientes estuve meditando en este pasaje y se me ocurrió que también podíamos aplicarlo a la situación de la Iglesia moderna. Este ejemplo ilustra lo mucho que necesitamos recuperar lo
que hemos perdido.

Quizás nos hemos dado cuenta de que la cabeza de nuestra hacha
se perdió. No sabemos exactamente cuándo se cayó del mango, pero
sentimos que estamos tratando de construir la casa de Dios sin el
filoso borde de su unción verdadera. Intercambiamos lo real por lo
falso. Hemos abaratado el Pentecostés, al punto de reducirlo a esté-
riles programas religiosos y payasadas circenses.

Hemos dominado el arte del bombo y el platillo. Sabemos cómo fingir la unción. Empujamos a la gente al suelo durante la predicación. Sabemos cómo manipular la música y las masas para crear la atmósfera de la unción. Pero en muchos casos, la unción no está ahí, sino solo una imitación superficial.

Actualmente, algunos líderes carismáticos hasta están vendiendo aceites especiales que prometen el poder del Espíritu Santo. Otros venden velas de esencias que prometen traer la presencia de Dios. Y el año pasado un hermano estuvo viajando por el país con una jarra llena de plumas, afirmando que pertenecían a un ángel con poderes de sanación.

Señor, perdónanos por tanta charlatanería. ¡Necesitamos recuperar el filo del hacha! Debemos clamar al Dios que tiene el poder de hacer subir el hierro desde el fondo del río.

No haremos avanzar el Reino de Cristo ni construiremos su Iglesia en victoria utilizando aceites, esencias, falsos encantamientos, profecías agradables de oír, ni sosos trucos carismáticos. Todo eso es madera, heno, y rastrojo para el horno. Lo que necesitamos es el filo cortante de la Palabra que tiene el poder y el fuego del Espíritu Santo.

En mis últimos viajes por el mundo he conocido cristianos humildes que tienen la unción genuina del Espíritu. He compartido con creyentes chinos que han sido testigos de milagros dentro de sus cárceles. Conocí a un evangelista indio que ha resucitado a seis personas. Conocí a un apóstol pakistaní que ve con regularidad cómo los musulmanes son sanados en concentraciones evangélicas al aire libre.

Entrevisté a un líder de la iglesia cristiana iraní cuyo ministerio estaba realizando cinco mil conversiones al mes. En medio de persecuciones y revueltas políticas, está emergiendo un avivamiento al estilo del Nuevo Testamento en esa fortaleza musulmana chiita, y todo porque la Iglesia en Irán está utilizando el hacha de la unción genuina del Espíritu Santo.

¿Dónde está el Dios de Eliseo? En la Iglesia actual hay un lamento similar al de los jóvenes profetas de 2 Reyes 6. No hemos sido buenos guardianes de los dones del Espíritu Santo, y ahora el extraordinario poder de Dios nos evade. Lo dejamos caer. Pero estamos comenzando a reconocer nuestro error.

Debemos humillarnos completamente. Debemos arrepentirnos de la falsedad y el fraude. Debemos deshacernos de las falsificaciones y nuestro espectáculo barato y pedirle al Señor que restaure el filo del hacha. Roguemos por un avivamiento puro, sin alteraciones, genuino, que transforme vidas y sacuda el planeta.

HABLEMOS DE ESTO

1. ¿De qué maneras se puede apagar el Espíritu Santo? ¿Cómo podemos evitarlo?

2. ¿Alguna vez ha sido testigo del mal uso o abuso de la unción del Espíritu Santo en una iglesia? ¿Qué ocurrió?

3. El apóstol Pablo dijo que el amor debe ser nuestra guía cuando ministremos en el Espíritu Santo. ¿Por qué el amor es tan importante al ministrar a los demás?

UNA ORACIÓN PELIGROSA

Señor Jesús, quiero tratar siempre con respeto al Espíritu Santo. No quiero apagarlo o entristecerlo, abusando de sus dones o mezclando la preciada unción del Espíritu con mi carnalidad. Ayúdame a ministrar a los demás con integridad, sabiduría, gentileza y respeto. Por favor, envía una ola poderosa del poder de tu Espíritu Santo a mi iglesia, y ayúdanos a ser guardianes de tu poder de una manera que te agrade. Por favor, no permitas que vertamos agua sobre tu fuego, o que obstaculicemos al Espíritu Santo de alguna manera. Amén.

Capítulo doce

CÓMO FOMENTAR EL PENTECOSTÉS EN SU IGLESIA

No le demos al Espíritu Santo un papel secundario

Qué pocas oportunidades tiene el Espíritu Santo actualmente. Las iglesias y las sociedades misioneras lo han atado tanto, que prácticamente le piden que se siente en un rincón mientras ellos hacen todo el trabajo.[1]
—C. T. STUDD (1860–1931)
MISIONERO BRITÁNICO

E N LA IGLESIA bautista tradicional a la que yo solía asistir cuando era joven, hablábamos mucho de Jesús, pero raramente mencionábamos al Espíritu Santo. En nuestro himnario había un himno que se llamaba "Poder pentecostal", pero nunca la cantábamos. Siempre me pregunté por qué.

Esta es la triste realidad de muchas iglesias hoy en día. No se predica sobre el Espíritu Santo y no le damos espacios a sus dones o ministerios. En muchas iglesias, los líderes se atraviesan en la puerta principal para impedir la entrada del Espíritu. Él no es bienvenido.

Y en muchas iglesias que se dicen "llenas del Espíritu", cada vez hay menos creyentes que saben lo que significa ser llenos del Espíritu. Los servicios de muchas iglesias no denominaciones están tan perfectamente programados, y los sermones tan enfocados en los nuevos creyentes, que la gente casi nunca se siente desafiada a profundizar en la fe.

Si su iglesia le da la bienvenida al Espíritu Santo y anima a la gente para que reciba la unción de su vida y su poder, entonces usted forma parte del maravilloso movimiento divino que está emergiendo en esta generación. ¡Lo mejor que puede hacer es mantenerse encendido y transmitir la llama a los demás! Yo creo que todas las iglesias necesitan un Pentecostés; no la celebración anual de un programa histórico de la iglesia, sino un encuentro vívido e inspirador con el Espíritu Santo que haga vibrar a cada creyente hasta los huesos.

Una iglesia sin Pentecostés, en realidad, contradice la Biblia. No hay ninguna excusa para estar año tras año sin recibir el poder de Dios. Cualquier pastor que esté conforme con una iglesia que opere sin la participación del Espíritu Santo, no es un buen administrador de la gracia que se le dio cuando aceptó el llamado de Dios.

Tal vez mis palabras le parecen fuertes, pero el predicador británico Charles Spurgeon lo expresó de forma mucho más dura en el siglo XIX. Escribió: "La incapacidad de reconocer el poder del Espíritu Santo es la base de muchos ministerios inútiles".[2] Es cierto. Si no nos apoyamos en el poder del Espíritu Santo y no animamos a los miembros de la iglesia a experimentar su poder, entonces la iglesia no sirve de nada. ¿Por qué? ¡Porque el Espíritu Santo es el que da poder a los creyentes para vivir para Dios y alcanzar el mundo para Cristo!

¿Qué hace el Espíritu Santo por la Iglesia?

Aquí muestro cuatro de sus actividades más importantes:

Nos da poder en el Pentecostés.

Siempre escucho pastores que dicen que si el poder del Espíritu Santo fuera eliminado de la Iglesia, la mayoría de los cristianos no notarían la diferencia. Algunos cristianos tienen al Pentecostés como una imagen bonita que han visto en algún vitral. Pero no podemos reducir la obra del Espíritu Santo a un acontecimiento histórico. El Señor quiere que el Pentecostés sea algo personal en la vida de cada cristiano. La Iglesia primitiva no habría podido cumplir su misión sin el viento y el fuego del Espíritu, y nosotros tampoco podremos hacerlo. Todo creyente necesita ser bautizado en el Espíritu Santo.

En algunos cuadros alusivos al Pentecostés, el fuego que descansa sobre las cabezas de los discípulos parece la minúscula llama de un encendedor o de la vela de un pastel de cumpleaños. ¡Dudo que el Espíritu Santo tuviera un aspecto tan insignificante! Cuando su unción fluye a través de nosotros, recibimos poder para compartir nuestra fe, sanar a los enfermos, expulsar demonios, transmitir su mensaje y recibir la dirección divina. No debemos minimizar el poder del Espíritu en nuestra vida. ¡Atrevámonos a encendernos en fuego!

El Pentecostés llega de repente.

Jesús comparó al Espíritu Santo con un viento que "sopla a donde quiere" (Juan 3:8), advirtiéndonos que el Espíritu es totalmente impredecible. Cuando el viento del Espíritu sopló "de repente" en el aposento alto el día de Pentecostés (Hch. 2:2), no estaba siguiendo el horario de nadie. No podemos controlar al Espíritu. Incluso Jesús les dijo a sus seguidores que esperaran su llegada repentina.

Esperar por el Espíritu no es práctico, y la paciencia va en contra de la naturaleza humana. Nos gusta actuar de acuerdo con nuestros deseos. Afortunadamente, los primeros discípulos vencieron esa tentación. Esperaron aquello que sería "repentino", y el resultado fue la estrategia ministerial más explosiva, efectiva y fructífera que ha conocido la Iglesia. La obra efectiva para Dios ha de seguir este mismo esquema.

El Pentecostés nos une.

Cuando el Espíritu Santo se derramó sobre los que estaban en el aposento alto, nació la Iglesia del Nuevo Testamento, y Jesús redefinió quién podía ser ungido para el ministerio. Bajo el Antiguo Pacto, solo los hombres judíos de la tribu de Leví se podían acercar al altar de sacrificio. Pero cuando el Espíritu llegó, el aceite de su unción fue derramado sobre hombres y mujeres. Y Pedro les dijo que personas de todas las razas y edades recibirían poder para predicar el evangelio.

El viento del Espíritu siempre derriba las barreras de raza, cultura, género, edad y clase económica. Él derribó las viejas tradiciones y marcó un nuevo comienzo en un día de reconciliación. Luego de que Pedro fue ungido por el Espíritu, fue a la casa de un hombre italiano, Cornelio, y les habló de Cristo a docenas de gentiles.

¿Es su iglesia realmente pentecostal? No lo es si usted no está derribando barreras y alcanzando a los que han sido dejados de lado u oprimidos en su comunidad.

El Pentecostés nos impulsa.

El Pentecostés no es estático. Aunque Jesús les dijo a sus primeros seguidores: "Quedaos vosotros en la ciudad de Jerusalén, hasta que seáis investidos de poder desde lo alto" (Lc. 24:49), Él nunca tuvo la intención de que se quedaran ahí después de que el fuego cayera. Después de ser bautizados en el Espíritu, los discípulos comenzaron a experimentar un entusiasmo ardiente. No podían quedarse sentados ni callados.

Desde ese momento, el libro de Hechos narra una cadena de sucesos portentosos. Los santos recién encendidos predicaban por toda Jerusalén como piromaníacos espirituales, propagando el fuego de Dios, sanando enfermos, bautizando nuevos conversos, y liberando gente de la prisión de forma milagrosa. Después de que el evangelista Felipe llevó el evangelio a una ciudad samaritana, fue literalmente arrebatado por el Espíritu y transportado a Azoto en un instante (Hch. 8:39–40).

El Pentecostés era un acelerador, ya que parecía acelerar el tiempo, otorgándoles a los seguidores de Jesús una extraña movilidad. El Pentecostés convirtió la religión aburrida en una aventura asombrosa, y transformó gente común y corriente en valientes misioneros. Lo mismo nos puede ocurrir a nosotros.

CÓMO ESTIMULAR EL FLUJO DEL ESPÍRITU

En abril de 1906, el Espíritu Santo se derramó sobre un grupo variopinto conformado por cristianos negros, blancos e hispanos que se habían reunido en la Misión Calle Azusa en Los Ángeles.

Cantaban con fervor, daban testimonio del poder santificador de Dios, y hablaban en lenguas en una época en la que esto era considerado fanatismo. Este famoso avivamiento, liderado por un predicador desconocido llamado William Seymour, fue un momento clave en la historia del cristianismo.

Ahora el pentecostalismo se ha extendido a todos los continentes y, en algunos casos, está nutriendo el crecimiento eclesiástico más asombroso del planeta. No obstante, muchos sectores del movimiento se han vuelto mustios, rancios y dolorosamente irrelevantes. Algunos estamos atrapados en un túnel del tiempo.

La nube de la presencia de Dios no se queda en un solo sitio durante mucho tiempo. Siempre está en movimiento. Él quiere llegar a cada generación, y le encanta abrir una botella nueva de vino cuando llega una nueva temporada. Mientras tanto, los que prefieren los altares del antiguo pentecostalismo han rechazado el vino nuevo, y en ocasiones han perseguido a quienes lo beben.

Es hora de orar por un nuevo Pentecostés. Debemos matar nuestras vacas sagradas, derribar los antiguos monumentos, y realizar algunos funerales. A pesar de lo maravilloso que fue el pasado, no podemos quedarnos a vivir allí. Dios nos dice: "He aquí que yo hago cosa nueva" (Is. 43:19).

A dónde voy escucho pastores haciendo la misma pregunta: ¿Cómo podemos fomentar la libertad del Pentecostés en una cultura eclesiástica que se ha vuelto cada vez más planificada, esquematizada y controlada para hacer todo en el menor tiempo posible? La esencia del Pentecostés fue su imprevisibilidad. Pero parece que no hay espacio para las sorpresas de Dios cuando ya tenemos nuestros sermones planeados para los próximos seis meses. A continuación muestro siete acciones que podemos llevar a cabo para fomentar la libertad del Pentecostés en nuestras iglesias.

Enseñar sobre el Espíritu Santo con frecuencia.

El Espíritu Santo se mencionaba muy poco en la iglesia donde crecí, así que nunca esperábamos que Él hiciera nada. No obstante, en el segundo versículo de la Biblia, se dice que Él "se movía" sobre la superficie del mundo recién creado (Gn. 1:2). ¡Él se mueve y habla a través de las Escrituras! Pero debemos invitarlo a moverse y hablar en nuestras iglesias, dándole el lugar que merece.

Dejar espacio para los llamados al altar y el ministerio personal. Una iglesia sin ministerio del altar es como un hospital sin pabellón de maternidad. La vida nueva comienza en el altar, sea la salvación, la sanación, el ministerio profético, o la impartición de una nueva unción. Hoy muchas iglesias que ofrecen servicios múltiples escatiman tiempo ministerial porque están enfocadas en sacar el grupo de las diez de la mañana del santuario para poder ingresar al grupo de las once y media. Tener servicios múltiples está bien, pero estamos dejando el Espíritu fuera de la iglesia si no dedicamos tiempo para que la gente responda al mensaje.

Incluir grupos pequeños en los que la gente pueda usar los dones del Espíritu Santo. Para algunos no resulta cómodo profetizar o ejercitar otros dones espirituales en una congregación grande. Pero si los creyentes se reúnen en grupos o clases bíblicas pequeñas, pueden tener la oportunidad de animarse unos a otros de formas sobrenaturales. La mayoría de la gente se siente más cómoda dando un paso de fe delante de diez personas, que delante de tres mil.

Educar en profecía, sanidad, y ministerio del Espíritu. Muchos pastores reprimen los dones espirituales porque a algunos fanáticos con egos inflados les gusta manipular a la iglesia con sus visiones, sueños, o enseñanzas extrañas. Pero, en aras de proteger a las ovejas de los engaños, no debemos pasarnos al otro extremo y olvidarnos de los dones del Espíritu. El poder genuino de Dios fluirá si enseñamos cómo distinguir la diferencia entre la unción verdadera y el fuego externo.

Tener "momentos de enseñanza" para explicar el uso los dones del Espíritu.

He estado en iglesias donde el hermano Hernández o la hermana Ana han profetizado en un tono tan áspero y condenatorio, que todos los presentes reaccionaron. Sus "palabras de Dios" tienen el mismo efecto en la congregación que rasguñar una pizarra. ¡Da dentera! No podemos ignorar esos momentos y seguir como si nada. Cuando los corintios del siglo I usaban el don de lenguas y la profecía de forma incorrecta, el apóstol Pablo aprovechaba la ocasión para enseñarlos a usar los dones correctamente. De la misma manera, un líder debe tratar el abuso espiritual en el púlpito enseñando que los mensajes proféticos deben ser entregados con amor y con el tono de voz de Dios.

Exponer a la iglesia a ministerios saludables, que fluyan en la unción.

Actualmente, hay charlatanes que venden los dones del Espíritu Santo en la televisión y las iglesias. Pero no todos los ministerios itinerantes son falsos. Dios ha levantado miles de profetas que no han doblado la rodilla ante los Baales de la explotación, la codicia, y las triquiñuelas. Necesitamos ministerios itinerantes que traigan vida, liberen poder profético, entrenen líderes e impartan una nueva visión en la congregación. No debemos tener miedo de exponer en nuestras iglesias a hombres y mujeres de carácter que han sido llamados a ministrar en lo sobrenatural.

Aparte tiempo para los testimonios del poder sobrenatural de Dios.

Nada aumenta tanto el nivel de fe de una congregación como la experiencia directa con Dios. Si un hombre fue sanado esta semana en su iglesia, deje que lo grite desde el techo. Si una pareja infértil logra un embarazo, déjelos que hablen de la bondad de Dios. Las historias de intervenciones sobrenaturales desencadenan una esperanza sagrada en los demás, y Dios recibe la gloria por sus milagros.

Cuando celebremos el Pentecostés, abramos las puertas y dejemos que el Espíritu entre libremente. En vez de asustarnos por lo que el Él pueda hacer o a quién pueda ofender, debemos preocuparnos por lo que serían nuestras iglesias sin Él.

La predicación del evangelio: la meta final del Pentecostés

Cada vez que visito a mi amigo Lewis Lee, pastor de Baltimore, termino en la calle. Es que a Lewis no le gusta mantener a la congregación confinada dentro de la iglesia. Todos los meses, los lleva al centro de la ciudad para que alimenten a las personas sin hogar que pululan en un parque cerca de la Universidad John Hopkins. En los días de verano, lleva grupos al peor vecindario de su ciudad para que oren por la gente, compartan el evangelio, y distribuyan botellas de agua.

Llevar el evangelio a la comunidad debería ser el procedimiento normal de cualquier iglesia. Pero no es así. No es la norma. La mayoría de las iglesias estadounidenses muy rara vez practica alguna forma de alcance fuera de sus iglesias, y 95 por ciento de los cristianos de este país nunca le ha hablado a nadie de Cristo.[3] Debido al miedo, la apatía o la falta de entrenamiento, nos conformamos con vivir en un universo religioso aislado. Luego nos engañamos creyendo que podemos transformar nuestras comunidades cantando, orando y predicándole al coro.

Pero cuando leo el libro de Hechos, veo con asombro que en los primeros días de la iglesia del Nuevo Testamento, casi todo el ministerio ocurrió fuera de las reuniones cristianas. El evangelio siempre se compartió fuera de la caja. Por supuesto, los primeros discípulos también se reunieron para compartir, darse ánimos y aprender, pero su enfoque principal era siempre hacia afuera. ¿No deberíamos guiarnos por el libro de Hechos?

Si queremos salir de nuestra caja religiosa, y que nuestras iglesias también lo hagan, debemos estar dispuestos a dar los siguientes seis pasos:

Pidamos el poder del Espíritu Santo

La primera actividad de alcance que aparece en el libro de Hechos ocurrió inmediatamente después de que los discípulos fueron llenos del Espíritu Santo. El apóstol Pedro, que había negado a Jesús unas semanas antes, predicó valientemente en un sitio público y tres mil personas se convirtieron (Hch. 2:41). Tal vez sintamos temor de compartir nuestra fe, pero recibiremos confianza sobrenatural para hablar cuando seamos bautizados en el Espíritu Santo. No centrarse en el poder del Espíritu es la razón principal por la que la Iglesia estadounidense es tímida con respecto a la evangelización.

Busquemos las oportunidades

Pedro y Juan iban camino al templo para adorar cuando vieron a un hombre lisiado que necesitaba sanación (Hechos 3:1-3). Oraron por él y el milagro que ocurrió tuvo como consecuencia más conversiones (vv. 4-10). Muchos estamos tan enfocados en llegar a la iglesia que no le ponemos atención a la gente que Dios nos pone en el camino. Nuestra mayor oportunidad puede estar en la esquina, fuera de la iglesia. Escuchemos el clamor a nuestro alrededor.

Casi todos los encuentros ministeriales del libro de Hechos ocurrieron fuera de las edificaciones religiosas. Pero aún nos aferramos a la antigua idea de que Dios quiere vivir dentro de un templo de ladrillos y mortero. ¡Él quiere morar entre su pueblo! Mucha de la gente que debemos alcanzar nunca se acercará a nuestro templo (el cual, por cierto, está vacío la mayor parte de la semana). Debemos llevar a Cristo al mercado a través de los grupos pequeños en los hogares, los estudios bíblicos al lugar de trabajo, los ministerios universitarios, a la calle y a las redes sociales.

Espere milagros

En los tiempos de la primera Iglesia, ocurrían milagros de sanación en las calles (Hch. 5:14-16). Tal vez una razón por la que no vemos el mismo nivel de milagros actualmente es porque queremos que Dios los realice solo sobre nuestras tarimas alfombradas, cuando Él quiere demostrar su poder en la plaza de la ciudad, en el metro, o en el estacionamiento de Walmart. No tenemos que ser teólogos para compartir el evangelio. ¡Solo ofrecernos a orar por alguien, y ver qué pasa!

Estemos dispuesto a salirnos del camino. Dios le dijo al evangelista Felipe que abandonara las emocionantes reuniones de avivamiento en Samaria y se fuera a un sitio remoto en un camino desierto (Hch. 8:26). Su obediencia llevó a la conversión de un eunuco de Etiopía, que luego llevó el evangelio a esa nación. Como pensamos que el efecto espiritual se mide por las grandes multitudes, con frecuencia descuidamos las conversaciones de persona a persona. Las mayores sorpresas de Dios se encuentran a menudo en los caminos desiertos, y a veces los momentos ministeriales más estratégicos involucran solo a un individuo con una gran necesidad espiritual.

Busquemos siempre a los necesitados
El evangelio se propagó rápidamente en las regiones de Lida y Jope porque Pedro oró por un hombre postrado en cama llamado Eneas, y una mujer fallecida llamada Tabita (Hch. 9:32–42). Ninguno de ellos fue a la iglesia para ser ministrado. Seamos sensibles con la gente que está en crisis, y vayamos a donde están. Un milagro puede revolucionar toda una ciudad.

Estemos dispuestos a cruzar barreras culturales
Pedro no quería ir a la casa de Cornelio porque los judíos no se la llevaban con los italianos. Pero cuando siguió la dirección del Espíritu Santo y entró en esa casa llena de extranjeros, el evangelio derribó la barrera cultural y una nueva gente conoció a Jesús (Hch. 10:44–45). Cuando oremos sobre el lugar al que debemos ir a predicar, no permitamos que las barreras culturales nos limiten. Crucemos la línea.

Es hora de que desechemos la loca idea de que la gente debe venir a nosotros y sentarse en nuestras cómodas bancas a oír el mensaje. El mandato de Jesús fue, "Vayan", no "Esperen que ellos vengan a ustedes". Debemos cambiar nuestra religiosidad pasiva y anémica y recuperar la fe evangélica apasionada y agresiva que la primera iglesia nos enseñó.

Demos la bienvenida a un movimiento nuevo del Espíritu

En 2015, dirigí un retiro de discipulado de hombres en una iglesia de Augusta, Georgia. La pasamos muy bien adorando a Jesús, compartiendo los alimentos, abriendo nuestros corazones en grupos pequeños, escuchando los mensajes de oradores, tanto jóvenes como mayores (el predicador más joven tenía veinticinco años), y oramos por sanación racial en nuestra nación. Durante tres días, algunos chicos fueron liberados de la pornografía, otros se reconciliaron con sus padres, y otros decidieron orientar a otros jóvenes en la fe.

Después del último mensaje del retiro, le pedí a mi amigo boliviano, Ives Orozco, que subiera al escenario con su padrastro, Fernando Villalobos. Conocía un poco el testimonio de Fernando. Él había formado parte de un avivamiento de gran alcance que comenzó en Bolivia en la década de 1970, y yo deseaba que compartiera algunas historias de esos días y que orara por nosotros. No me imaginaba lo que pasaría.

Fernando no es un predicador "gritón". Habla suavemente y con mucha humildad. Pero en lo que agarró el micrófono, la atmósfera en la sala cambió. Sentí que se me erizaban los vellos de la nuca.

Fernando comenzó a contar una historia sobre Julio Ruibal, un líder del movimiento de avivamiento en Bolivia que había sido bautizado en el Espíritu cuando visitó Estados Unidos. Cuando volvió a su país, habló a muchos estudiantes sobre Cristo y se ocupó de discipularlos. Un día, Julio le pidió a una mujer cristiana que preparara una comida en su casa para veinte estudiantes, pero cuando llegaron a su casa, ¡venían más de cien estudiantes!

La mujer nerviosa le dijo que no tenía suficiente comida para atender a todo el grupo, pero Julio le dijo que Jesús proveería. Luego, todo el mundo observó como la comida se multiplicaba de forma sobrenatural. Lo que Jesús lo hizo con una multitud en Israel hace doscientos años, se repitió en un humilde hogar de Suramérica.

Después de contar esta historia, Fernando nos dijo: "Jesús está aquí".

He escuchado innumerables testimonios de milagros anteriormente. Pero cuando este hombre se paró cerca de la plataforma de la iglesia Good News de Augusta, era casi como si el mismo espíritu de avivamiento que sacudió Bolivia hacía más de cuarenta años hubiera entrado en la habitación.

Los hombres espontáneamente se levantaron de sus asientos y caminaron o gatearon al frente de la iglesia. Algunos se arrodillaron, otros se acostaron boca abajo. Podía escuchar que algunos estaban llorando. En menos de cinco minutos, los sollozos se convirtieron en lamentos. Me acordé de las historias que había leído sobre el Gran Despertar, cuando la gente se sentía abrumada por la presencia y poder de convicción del Espíritu Santo.

Fernando no pidió música de fondo, ni manipuló a la audiencia para provocar una respuesta. Él no le pidió a nadie que llorara. Simplemente nos recordó que el mismo Dios que derramó el Espíritu Santo en Bolivia a principios de la década de 1970, resultando en cientos de conversiones en solo cuatro meses, estaba con nosotros en ese momento.

Cuando me postré en la alfombra de esta iglesia, pensé en todas las veces que había orado en los últimos años para que ocurriera un avivamiento del Espíritu Santo en mi generación. Entonces sentí que el Señor me habló al corazón: "Este es solo un abreboca de lo que viene".

Eso es todo lo que necesitaba saber para convencerme. Se acerca una nueva ola del poder de Dios. El Señor ha escuchado el clamor de su pueblo, y está a punto de hacer lo que hizo en los años 70, solo que esta vez la gente joven será catapultada al frente del movimiento, y no habrá división de raza o género.

Oro para que nuestra lámpara esté llena de aceite cuando ocurra la visitación. Oremos y esperemos que la presencia tangible de Dios sacuda nuestro mundo. Estamos al borde de algo grande. Lo único que necesitamos es pedirle al Espíritu Santo que encienda nuestro corazón en fuego.

Hablemos de esto

1. ¿Por qué cree usted que tenemos miedo de dejar que el Espíritu Santo irrumpa en la rutina normal de nuestra iglesia?

2. ¿Cómo podemos animar a la gente de la iglesia para que se abra más al Espíritu Santo?

3. La meta principal del Espíritu Santo es impulsar al pueblo de Dios a alcanzar a otros. ¿De qué maneras siente usted que el Espíritu quiere usarlo para alcanzar a otros con el evangelio?

Una oración peligrosa

Señor, quiero que me enciendas, pero no quiero que ese fuego tenga límites. Te pido que envíes una nueva ola del Espíritu Santo a mi iglesia, a mi ciudad y a mi nación. Necesitamos otro avivamiento que haga temblar la tierra como el Gran Despertar de las generaciones pasadas. Hazlo de nuevo, Señor. Deja que el libro de Hechos se repita en mi vida. Libera toda la fuerza del Pentecostés. ¡Y déjame ser parte de ello! No quiero ser un espectador en este movimiento. Quiero estar en medio de él. Enciende mi corazón con la unción del Espíritu Santo, y déjame llevar ese fuego a donde sea que me envíes.

NOTAS

PREFACIO

1. Shane Philpott, "Kathryn Kuhlman's Greatest Battle: Part 2", visitada el 16 de junio de 2016, http://www.cfaith.com/index.php/article-display/22-articles/christian-living/25296-kathryn-kuhlman-s-greatest-battle-part-2.

2. "Evan Roberts and the Welsh Revival", *Quest for God*, Quest Publications, visitada el 16 de mayo de 2016, http://www.questforgod.org/myquest/welsh. Evan Roberts habló de esta experiencia que escuchó por primera vez del reverendo Seth Joshua en una reunión de oración: "Doblégame". Robert dice: "Fue el Espíritu el que puso el énfasis en mí en eso de 'doblégame'. 'Eso es precisamente lo que necesitas', me dijo el Espíritu. Así que ore: 'Oh, Señor, ¡doblégame!'".

3. Eifion Evans, *The Welsh Revival of 1904* (Bridgend, Wales: Bryntirion Press, 2004), p. 14.

CAPÍTULO UNO
¡AUMENTEMOS LA TEMPERATURA!

1. A. B. Simpson, *The Cross of Christ: His Sufferings and Their Impact on the Believer* (Chicago, Illinois: Moody Publishers, 1994).

2. Dan Graves, "John Wesley's Heart Strangely Warmed", Christianity.com, visitada el 17 de mayo de 2016 http://www.christianity.com/church/church-history/timeline/1701-1800/john-wesleys-heart-strangely-warmed-11630227.html.

3. Mary Ann Bridgewater, *Prayers for the Faithful* (Nashville, TN: B&H Publishing, 2008), p. 18.

4. Toni Ridgaway, "1st Century Teaching for 21st Century Church", ChurchLeaders.com, visitada el 17 de junio de 2016, http://www.churchleaders.com/outreach-missions/church-planting/138859-first-century-principles-for-reaching-the-twenty-first-century.html.

5. Real Academia Española, Diccionario de la lengua española. España, 2001.

CAPÍTULO DOS
EL ESPÍRITU SANTO NO ES UN OBJETO

1. San Agustín, *City of God*, trad. Marcus Dods, (Londres, inglaterra: Catholic Way Publishing, 2015).

2. Reginald Heber, "Holy, Holy, Holy"; *Baptist Hymnal* (Nashville, TN: Convention Press, 1956), p. 1. Heber escribió este popular himno para que fuera cantado el Domingo de Trinidad. John Bacchus Dykes compuso la música, "Nicea", para este himno en 1861. El nombre es un tributo al primer Concilio de Nicea, en el que se formalizó la doctrina de la Trinidad, en el año 325 d. C.

3. John Wesley, citado en "Five Ways the Trinity Reveals God's Love", Christian Quotes, visitada el 17 de junio de 2016 http://www .christianquotes.info/images/john-wesley-quote-5-ways-trinity-reveals -gods-love.

4. C. S. Lewis, *Mere Christianity* (Nueva York, NY: Harper Collins, 2012), p. 162. Este clásico fue publicado originalmente en 1952

5. *The 1928 Book of Common Prayer* (Boston, MA: The Merrymount Press, 1930), p. 53.

6. Matt Slick, "Jehovah's Witnesses History", Christian Apologetics and Research Ministry, visitada el 17 de junio de 2016 http://www.carm .org/jehovahs-witnesses-history. Los Testigos de Jehová consideran que el origen de la doctrina de la Trinidad es pagano, y afirman que los cristianos promueven una mentira diabólica. Además de negar la Trinidad, igualmente niegan la deidad de Cristo, la deidad del Espíritu Santo, la existencia del infierno, y el castigo eterno y consciente, escribe Slick.

7. *Ibíd.*

8. Francis Chan, *Forgotten God* (Colorado Springs, CO: David C. Cook, 2009).

CAPÍTULO TRES
TODO SE TRATA DE JESÚS

1. Duke Taber, "101 Christian Quotes by 10 Great Christians", visitada el 19 de junio de 2016, http://www.viralbeliever.com/grow/christian -quotes/101-christian-quotes-by-10-great-christians/5/.

2. Matthew Henry, "John 16:7–15", visitada el 19 de junio de 2016 http://www.biblestudytools.com; de *Matthew Henry's Commentary on the Whole Bible* (Nashville, TN: Thomas Nelson, 2003).

3. Charles Spurgeon, *Lectures to My Students* (Peabody, MA: Hendrickson Publishers, 2010), p. 172. Este libro fue publicado originalmente en 1875.

4. Andrew Murray, *The Two Covenants* (San Francisco, CA: Bottom of the Hill Publishing, 2010), p. 12.

5. "Anakaȳnōsis", http://www.blueletterbible.org (visitada el 8 de abril de 2016), de *Strong's Exhaustive Concordance of the Bible* (Peabody, MA: Hendrickson Publishers, 2009).

Capítulo cuatro
El Espíritu Santo es multifuncional

1. Andrew Murray, *Daily Thoughts on Holiness: Devotions for a Deeper Spiritual Life*, (Fort Washington, PA: CLC Publications, 2011).

2. "Strata: Is This What the Temple Menorah Looked Like?"; visitada el 19 de junio de 2016, http://members.bib-arch.org/publication.asp?PubID=BSBA&Volume=37&Issue=06&ArticleID=22; ver también http://www.biblicalarchaeology.org/daily/biblical-sites-places/temple-at-jerusalem/understanding-the-jewish-menorah/.

3. Henry Blackaby y Richard Blackaby, *Experiencing God: Knowing and Doing the Will of God* (Nashville: B&H Publishers, 2008), 42.

4. Charles Spurgeon, *The Essential Works of Charles Spurgeon Updated Into Today's Language* (Uhrichsville, OH: Barbour Publishing, Inc., 2009), 112.

5. James Strong, *The New Strong's Expanded Exhaustive Concordance of the Bible* (Nashville: Thomas Nelson, 2001), Greek Dictionary of the New Testament, no. 3875.

Capítulo cinco
El amigo que es más cercano que un hermano

1. "20 G. Campbell Morgan Quotes", Christian Quotes, visitada el 19 de junio de 2016, http://www.christianquotes.info/quotes-by-author/g-campbell-morgan-quotes/.

2. Patrick F Fagan y Robert Rector, "The Effects of Divorce on America", Heritage.org, visitada el 19 de junio de 2016, http://www.heritage.org/research/reports/2000/06/the-effects-of-divorce-on-america.

3. Si quiere escuchar "I Am Covered Over" [en inglés] puede visitar este enlace: https://www.youtube.com/watch?v=j1rptZB0ydQ.

Capítulo seis
Dejemos que el Espíritu Santo nos suba el volumen

1. Spurgeon, *Lectures to My Students*.

2. Art Katz, Apostolic Foundations (Laporte, MN: Burning Bush Publications, 2000), p. 42.

3. David Brainerd, *The Life and Diary of David Brainerd: With Notes and Reflections* (Cedar Lake, MI: ReadAClassic, 2010), p. 224.

CAPÍTULO SIETE
APRENDAMOS A MINISTRAR EN EL PODER DEL ESPÍRITU

1. "Corrie ten Boom", GoodReads, visitada el 20 de junio de 2016, http://www.goodreads.com/quotes/51450-trying-to-do-the-lord-s-work -in-your-own-strength.

2. A. W. Tozer, *The Holy Spirit Center*, visitada el 20 de junio de 2016, http://www.theholyspiritcenter.org/demo/index.php/2012-06-21-14-37-36.

3. Mel Wild, "An Inconvenient History of Cessationism", *In My Father's House*, 21 de abril de 2014, visitada el 20 de junio de 2016, http:// www.melwild.wordpress.com/2014/04/21/an-inconvenient-history -for-cessationism.

4. *Ibíd.*

5. Spurgeon, *Lectures to My Students*, p. 137.

CAPÍTULO OCHO
¿ESTAMOS SEGUROS DE QUE QUEREMOS EL FUEGO DEL ESPÍRITU?

1. "William J. Seymour", Azquotes.com, visitada el 20 de junio de 2016, http://www.azquotes.com/quote/794789.

2. "Smelting", Wikipedia, visitada el 20 de junio de 2016, http://www .wikipedia.org/wiki/Smelting.

3. C. S. Lewis, "Essay on Forgiveness", visitada el 20 de junio de 2016 http://www.oholy.net/stolga/cs_lewis.html; Nueva York, NY: Macmillan Publishing Co., Inc., 1960.

4. Susie Hawkins, "Corrie ten Boom: A Portrait of Forgiveness", Bible. org, 2 de octubre de 2008, visitada el 20 de junio de 2016, http://www .bible.org/seriespage/7-corrie-ten-boom-portrait-forgiveness.

5. Charles Spurgeon, *Spurgeon on Prayer* (Alachua, FL: Bridge-Logos Publishers, 2009), p. 219.

6. Tony Evans, *Returning to Your First Love: Putting God Back in First Place* (Chicago, IL: Moody Publishers, 2002), p. 89.

CAPÍTULO NUEVE
LAS BENDICIONES DE TENER UNA LENGUA PERSONAL DE ORACIÓN

1. "Top 21 Leonard Ravenhill Quotes", Hearitfirst.com, 10 de enero de 2014, visitada el 21 de junio de 2016, http://www.hearitfirst.com/news /top-21-leonard-ravenhill-quotes.

2. Catherine Marshall, *Something More* (Grand Rapids, MI: Chosen Books, 2002).

3. John Sherrill, *They Speak With Other Tongues* (Grand Rapids, MI: Chosen Books, 1964).

Capítulo diez
Mantengámonos encendidos en la temporada de sequía

1. Robert Murray M'Cheyne, *The Works of the Late Rev. Robert Murray McCheyne*, volume 2, (Nueva York: Robert Carter, 1847), p. 152.

2. James Strong, *The New Strong's Expanded Exhaustive Concordance of the Bible* (Nashville, TN: Thomas Nelson, 2001), Greek Dictionary of the New Testament, n°. 3306.

3. Mark Galli and the Christian History Editorial Staff, *131 Christians Everyone Should Know* (Nashville, TN: Holman Reference, 2000), p. 23.

4. Brother Lawrence, *The Practice of the Presence of God* (New Kensington, PA: Whitaker House, 1982), p. 40.

5. *Ibíd.*

6. Strong, *The New Strong's Expanded Exhaustive Concordance of the Bible*, Greek Dictionary of the New Testament, n°. 3875.

7. A. B. Simpson, *A Larger Christian Life* (Christian Publications, 1979), p. 109. Este libro fue publicado originalmente en 1890.

8. Watchman Nee, *The Release of the Spirit* (Richmond, VA: Christian Fellowship Publishers, 2000), p. 20.

9. Randy Peterson, *Be Still My Soul: The Inspiring Stories Behind 175 of the Most-Loved Hymns* (Carol Stream, IL: Tyndale House Publishers, 2014), p. 110. Traducción al español tomada de: www.hymntime.com (consultada en línea el 14 de septiembre de 2016).

10. *Ibíd.*

11. "Cornelia 'Corrie' ten Boom", MissionaryBiographies.com, visitada el 21 de junio de 2016, http://www.missionariesbiography.com/April/15 .Cornelia_ten_Boom.html.

12. "All-Time Best of the Worst Country Music Titles", visitada el 21 de junio de 2016 http://www.downstream.ca/country1.htm.

13. Merlin Carothers, *Prison to Praise* (Alachua, FL: Logos International, 1970).

14. *Ibíd.*

15. Dietrich Bonhoeffer, *The Cost of Discipleship* (Nueva York, NY: Touchstone, 2012), p. 285.

Capítulo once
Evitemos las trampas de la carismanía

1. D. Martyn Lloyd-Jones, *Preaching & Preachers* (Grand Rapids, Michigan: Zondervan Publishing House, 1971), p. 319.
2. Richard J. Foster and Martin Marty, *Streams of Living Water: Celebrating the Great Traditions of Christian Faith* (Nueva York, NY: Harper One, 2001), p. 120.

Capítulo doce
Cómo fomentar el Pentecostés en su iglesia

1. "Quotes on Missions", Ministry 127, visitada el 22 de junio de 2016, http://ministry127.com/resources/illustration/quotes-on-missions.
2. Spurgeon, *Lectures to My Students*, p. 85.
3. Toni Ridgaway, "1ˢᵗ Century Teaching for 21ˢᵗ Century Church".

J. Lee Grady fue periodista cristiano por muchos años antes de convertirse en ministro itinerante a tiempo completo. Trabajó para la revista Charisma desde 1992 al 2010 y fungió como editor en once de esos años. En el 2000 lanzó The Mordecai Project, este es un ministerio que se enfoca en ayudar a mujeres y niñas que sufren de varias formas de abuso y opresión. Hoy en día The Mordecai Project alcanza Latinoamérica, África y Asia, llevando la esperanza y sanidad de Jesucristo a aquellos que sufren por la violencia de género. La obra misionera de Lee Grady lo ha llevado a 30 países.

Lee es el autor de varios libros como: *25 preguntas difíciles sobre las mujeres y la Iglesia, 10 mentiras que la Iglesia le dice a las mujeres, 10 mentiras que los hombres creen, Las intrépidas hijas de la Biblia, La verdad hace libre a las mujeres* y *The Holy Spirit Is Not For Sale* (El Espíritu Santo no está a la venta). También escribe una columna semanal en inglés que se titula "Fire in My Bones" (Fuego en mis huesos) la cual leen miles de suscriptores de Charisma. Puede lograr acceso a esta columna gratuita visitando: fireinmybones.com

Lee también está comprometido con servir como mentor de líderes jóvenes a través de sus eventos de discipulado para hombres y mujeres, Bold Venture. Ha patrocinado estos retiros en Colombia, Uganda, Sudáfrica, Inglaterra, Hungría, Rumanía y varias partes de EE. UU.

Si desea más información sobre The Mordecai Project o Bold Venture, o sobre cómo puede ayudar a llevar sanidad a las mujeres maltratadas alrededor del mundo, envíe un correo electrónico a: themordecaiproject@gmail.com o escriba a:

The Mordecai Project / Bold Venture Ministries
P.O. Box 2781
LaGrange, GA 30241

Lea estos edificantes libros de J. Lee Grady:

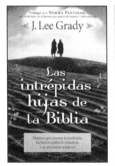

UN PLAN PARA ESCAPAR DE LAS DEUDAS Y TENER ÉXITO EN SUS FINANZAS

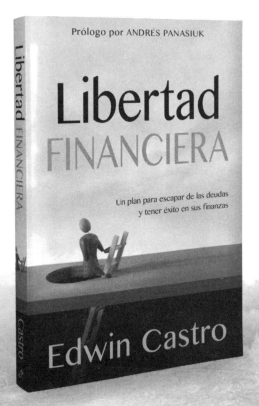

Prólogo por ANDRÉS PANASIUK

Libertad FINANCIERA

Un plan para escapar de las deudas y tener éxito en sus finanzas

Edwin Castro

El autor Edwin Castro le enseña cómo salir y evitar la esclavitud que causa la presión por las deudas. En este libro encontrará:

- Fundamentos sobre el manejo de sus finanzas.
- Cómo liberarse de la deuda, la pobreza y la escasez.
- La clave para encarar el reto financiero y tener esperanzas.
- Aprender a hacer un presupuesto.
- Desarrollar un plan de pago acelerado.
- Practicar la ley de la siembra y la cosecha.

Dígale "¡NO!" al endeudamiento y "¡SÍ!" a la *libertad financiera*

NO ESPERE   N HOY MISMO.

GUÍA DE 21 DÍAS
PARA LA SANIDAD INTERIOR

Libro interactivo que combina técnicas innovadoras de la Psicología con la Palabra de Dios.

Trabaja con asuntos como:

- Sanidad del niño interno
- Completar el proceso de perdón
- Control efectivo de emociones
- Restaurar la visión
- Levantarse del cansancio emocional y espiritual

Prólogo por la Dra. NORMA PANTOJAS

Dra. LIS MILLAND

Vive libre
VIVE FELIZ

Una guía de **21 DÍAS** para la sanidad interior

¡EXPERIMENTARÁ LA SENSACIÓN
DE QUE SE ENCUENTRA
EN UN PROCESO TERAPÉUTICO!

www.casacreacion.com
Facebook.com/CasaCreacion

CASA
CREACIÓN

14059